I0424090

Maxime Du Camp

La Préfecture de police et la Sureté publique à Paris

essai

Le code de la propriété intellectuelle du 1er juillet 1992 interdit en effet expressément la photocopie à usage collectif sans autorisation des ayants droit. Or, cette pratique s'est généralisée dans les établissements d'enseignement supérieur, provoquant une baisse brutale des achats de livres et de revues, au point que la possibilité même pour les auteurs de créer des oeuvres nouvelles et de les faire éditer correctement est aujourd'hui menacée. En application de la loi du 11 mars 1957, il est interdit de reproduire intégralement ou partiellement le présent ouvrage, sur quelque support que ce soit, sans autorisation de l'Editeur ou du Centre Français d'Exploitation du Droit de Copie , 20, rue Grands Augustins, 75006 Paris.

ISBN : 978-1533286543

10 9 8 7 6 5 4 3 2 1

Maxime Du Camp

La Préfecture de police et la Sureté publique à Paris

essai

Table de Matières

Introduction

La répression des crimes et délits, la surveillante et l'arrestation des malfaiteurs, incombent à la première division de la préfecture de police, division qui se sépare en deux portions distinctes, la partie administrative et la partie active. Cette dernière porte le nom générique de *police municipale* ; c'est celle que nous connaissons tous, qui frappe nos yeux à chaque instant, qui est en rapports permanents et directs avec la population par son armée de sergents de ville. Ce n'est là, pour ainsi dire, que l'enseigne de la police. Ces agents vêtus d'uniforme, cantonnés dans des postes apparents, arrêtent les malfaiteurs saisis en flagrant délit et ramassent les vagabonds ; mais leur principale fonction est d'assurer la sécurité des quartiers par des rondes perpétuelles, de faire observer les ordonnances, de porter aide et secours où ils sont appelés, et en toute circonstance d'avoir recours à la conciliation avant d'employer la rigueur. Les services qu'ils rendent à Paris sont très divers ; leur présence dans les rues est seule déjà un bienfait, et plus d'un filou, à la vue du tricorne bien connu, a pris la fuite sans mettre ses mauvais desseins à exécution. La vraie police est moins visible, elle n'a point d'insignes brodés au collet, ni d'épée au côté. Ses agents, qui alors prennent le nom d'inspecteurs, sont vêtus en bourgeois, et leurs brigades, dont les attributions sont sévèrement limitées, exercent leur surveillance sur les malfaiteurs, les garnis et les mœurs. La police municipale et la police administrative sont en relations constantes ; elles s'entr'aident, se renseignent, s'éclairent mutuellement, se côtoient sans se mêler, et fonctionnent de telle sorte que chaque section du service actif a son analogue et son correspondant au service sédentaire. Ce système est appliqué à l'extérieur même de la préfecture, dans les divers quartiers de Paris, où le commissaire représente la partie administrative, tandis que l'officier de paix est l'agent direct de la police active. Tous les ordres de recherches sont transmis par le service administratif, tous les renseignements spéciaux sont recueillis par le service actif ; le premier donne l'impulsion, le second la suit ; en un mot, l'un est la tête et l'autre est le bras. Le but poursuivi est le même : le respect de la loi qui sauvegarde la vie, la propriété et la moralité.

Maxime Du Camp

Partie I

Un décret du 17 septembre 1854, réorganisant la police urbaine de Paris, a donné une grande extension aux sergents de ville, qui, jadis assez rares, étaient devenus insuffisants en présence de l'accroissement de la population. On les a distribués dans Paris tout entier, et ils ont pris la place de ces détachements de soldats qui s'étageaient jadis de quartier en quartier. Chacun des vingt arrondissements est gardé par trois brigades de sergents de ville composant une division qui obéit à un officier de paix. Tous les jours, ce dernier va réglementairement *à l'ordre* auprès du chef de la police municipale ; de quatre heures en quatre heures, il expédie à la préfecture un rapport obligatoire, qui le plus souvent se compose des trois mots si connus dans les administrations : rien de nouveau ; de plus, lorsqu'un fait anormal se produit, — assassinat, vol important, incendie, rupture de conduite d'eau, effondrement d'égout, écroulement de maison, — un exprès est envoyé à toute vitesse rue de Jérusalem. Cette mesure est bonne et permet d'être renseigné sans délai sur tous les accidents graves qui se manifestent incessamment dans une ville aussi populeuse que Paris ; néanmoins elle pourrait être plus complète encore et plus radicale. Qui empêche de relier les postes de police à la préfecture par des fils télégraphiques directs et absolument indépendants du bureau central de la rue de Grenelle, où toute dépêche doit passer avant d'être transmise au destinataire ? En fait de sécurité publique, les moyens d'information ne sont jamais assez précis, assez rapides, assez puissants. Un meurtre est commis à Levallois ou à La Glacière ; avant que les inspecteurs spéciaux de la sûreté en aient reçu avis à la préfecture de police et se soient transportés sur les lieux, cinq ou six heures se sont écoulées. Or, si le coupable est un homme intelligent et alerte, s'il est servi par des circonstances favorables, il ne lui faut pas plus de temps pour être au Havre et peut-être à bord d'un navire en partance.

Qui ne connaît les sergents de ville ? Qui ne les a vus stationner sur les boulevards pour mettre un peu d'ordre dans le défilé des voitures, se promener lentement dans nos rues, monter la garde devant leur poste ? Qui n'a remarqué leur uniforme, composé en hiver d'une longue capote et en été d'un frac disgracieux, au collet duquel apparaissent en broderies d'argent le numéro de leur division, la lettre de la brigade et un chiffre qui, leur étant particulier, permet de faire remonter jusqu'à eux la responsabilité de leurs actes. Tous, ou peu s'en faut, sont d'anciens sous-officiers, sortis de l'armée avec des états de service irréprochables. Il n'y a pas de corps qui se recrute, je crois, avec plus de précautions minutieuses. Nul n'en peut faire partie, s'il n'a donné des preuves de sa moralité et de sa sobriété. La discipline, malgré une forme extérieure assez large, est très sévère. Deux infractions aux règlements dans la même année, deux cas d'ivresse par exemple, entraînent l'expulsion. Cette rigueur peut sembler excessive ; elle n'est que légitime, et elle doit servir de frein à des hommes, qui sont dépositaires d'une autorité limitée, mais encore considérable, l'indice apparent de leur mission et du pouvoir qu'ils représentent est une épée à poignée de cuivre marquée aux armes de la ville de Paris. Bien des gens s'élèvent avec une certaine chaleur contre cette arme confiée aux sergents de ville, et qui le plus souvent demeure inoffensive au fourreau. Le jour où ils seront désarmés, les malfaiteurs deviendront leurs maîtres, et nos rues verront d'ignobles luttes à coups de poing et à coups de pied. La vue seule de l'épée est un réfrigérant pour bien des colères et a paralysé plus d'une velléité de résistance. On a souvent proposé de leur donner le bâton des *policeman* anglais, qui, dit-on, n'est qu'un emblème d'autorité : emblème à tête de plomb qui tue un homme aussi sûrement qu'un coup de feu, casse-tête orné, il est vrai, du chiffre de la reine et de la devise « honni soit qui mal y pense ; » mais casse-tête redoutable qui dans les bagarres donne lieu à des contusions infailliblement mortelles.

On n'entre pas d'emblée dans ce corps d'élite mi-parti civil et militaire ; il faut un apprentissage qui dure près d'une année, pendant laquelle on est admis à titre d'auxiliaire avec une paie fixe de 3 francs par jour. Si au bout de ce temps d'épreuves nul reproche n'a été adressé au candidat, il est nommé sergent de ville, et il peut aspirer légitimement aux grades de sous-brigadier et de brigadier ; après vingt-cinq ans de service consécutifs, il obtiendra sa retraite et une pension de 750 francs. Bien peu y atteignent, un sur dix tout au plus. Au premier abord, l'existence de ces hommes paraît assez douce ; ils sont bien vêtus, ils ont des abris convenablement chauffés, et leur promenade régulière ne semble pas trop fatigante.

Maxime Du Camp

L'apparence est trompeuse ; il n'y a pas de métier plus pénible. En temps normal, le service est réglé de façon à occuper les agents huit heures par jour. L'irrégularité forcée des heures de repas, les brusques transitions de température, lorsque pendant l'hiver on rentre au poste après la faction, la nécessité de rester dans des vêtements mouillés les jours de pluie, les longues et énervantes stations sur les ponts, au coin des rues, à l'angle des carrefours, par le vent, le soleil, la grêle ou la neige, finissent par ébranler les tempéraments, les plus solides, et par jeter sur des lits d'hôpital des nommes qui semblaient destinés à vivre centenaires. Aussi les vacances sont fréquentes, et le corps se renouvelle incessamment. Cela est extrêmement fâcheux, car l'éducation d'un tel service ne s'acquiert que par une longue pratique. Le soldat qui sort de son régiment arrive avec des principes d'autorité excessifs ; par cela même qu'il a été forcé d'obéir sans pouvoir raisonner, il est enclin à contraindre les autres à l'obéissance passive. A moins d'aptitudes exceptionnelles, il faut trois années et plus pour faire avec un excellent soldat un sergent de ville passable, qui ne durera guère que douze ou quinze ans. Leur devoir, — et chacun des ordres du jour qui leur sont adressés le leur répète sous toutes les formes, — est de faire respecter les règlements sans jamais mécontentés la population, tâche spécialement difficile avec un peuple aussi nerveux que celui de Paris, et dont cependant on doit reconnaître qu'ils ne se tirent pas trop mal. A force de vivre dans les mêmes quartiers, — et c'est en cela que la mesure inaugurée après le décret de 1854 est excellente, — ils en connaissent tous les habitants, peuvent faire plusieurs observations aux délinquants avant de leur déclarer contravention. Aux habitudes agressives d'autrefois, excusables jusqu'à un certain point chez des agents clairsemés, se hâtant trop parce que le temps leur manquait toujours pour prévenir et qu'ils avaient à peine celui de réprimer, a succédé, grâce au grand nombre et à la diffusion raisonnée des sergents de ville, une sorte de gronderie familière qui avertit plutôt qu'elle ne menace. Pour les ivrognes, ils sont admirables ; ils les traitent avec une sorte de douceur indulgente qui n'est peut-être pas dénuée d'une certaine jalousie naturelle chez des hommes à qui l'ébriété même est sévèrement défendue ; ils les arrêtent, ceci n'est pas douteux, mais en vertu d'instructions secrètes dans lesquelles il est dit : « N'oubliez pas que vous ne devez arrêter les ivrognes que pour assurer leur propre sécurité et pour éviter les accidents qui pourraient les atteindre dans nos rues encombrées. Aussitôt que leur ivresse sera dissipée, vous les mettrez en liberté, à moins qu'ils n'aient commis quelque délit. » En somme, ils vivent en bons termes avec la population. Ils doivent veiller à la sûreté de la voie publique, ils n'y manquent guère ; combien en a-t-on vus se jeter à la tête des chevaux emportés, poursuivre les chiens enragés, secourir les blessés, contraindre les débitants à ne pas vendre à faux poids et détourner les yeux afin de ne pas apercevoir une marchande des quatre saisons fatiguée qui arrête sa charrette pour prendre un peu de repos ! Leur honnêteté est proverbiale, et tout objet trouvé par eux est remis entre les mains du commissaire de police ; ces traits de probité sont si fréquents qu'on ne les signale même plus dans les ordres du jour. La *correspondance secrète* sur la fin du règne de Louis XVI, publiée par M. de Lescure, raconte qu'un joueur chargé d'or se mit pour rentrer chez lui sous la protection d'une patrouille qui le dévalisa. Ces temps-là ne sont plus, et l'on peut se confier aux sergents de ville. Parfois cependant, et en dehors des motifs politiques qui surexcitent tous les esprits, on est injuste pour eux. On exige qu'ils soient infaillibles ; c'est là le côté vraiment douloureux de leur situation, ils ne peuvent se tromper. S'il n'arrête pas un coupable, on les accuse de négligence ; si par malheur ils arrêtent un innocent, on crie à l'arbitraire. Lorsqu'on les voit saisir et entraîner un malfaiteur vers le poste, il se produit presque toujours dans la foule témoin du fait un sentiment de réprobation et comme une envie instinctive de délivrer celui que l'on emmène. Cette impression est tellement naturelle au Français qu'il n'est peut-être pas un de nous qui ne l'ait ressentie. Cela se comprend ; notre histoire pèse sur nous, elle nous a pénétrés, imprégnés si profondément que, malgré bien des révolutions, bien des changements radicaux apportés à nos lois, nous vivons toujours sous l'empire des vieilles traditions. Pendant les temps qui ont précédé la nuit du 4 août, tant d'arrestations illicites ont été faites, tant de lettres de cachet ont été distribuées par le bon plaisir, tant d'enlèvements monstrueux ont été commis par la force, tant d'honnêtes filles ont été jetées à l'hôpital, tant de braves garçons ont été déportés aux îles, qu'il nous est resté au cœur je ne sais quelle colère chevaleresque qui nous pousse à donner aide aux prisonniers avant même de savoir pourquoi on les arrête. Comme don Quichotte, nous sommes toujours prêts à rompre une lance en faveur de Ginesille de Parapilla : vieille habitude de générosité irréfléchie qui se perdra le jour où la France aura compris que la première vertu d'une nation qui veut être grande est de savoir respecter la loi.

Les quatre-vingts postes de sergents de ville sont intéressants à visiter ; au premier abord pourtant, ils ne révèlent rien de curieux. C'est dans la plupart des cas une grande chambre grisâtre mal pavée, munie de lits de camp où s'étalent des matelas sans oreiller ; une table de bois noirci, un ou deux becs de gaz et un poêle de fonte, complètent l'ameublement. Un examen moins superficiel montre bien vite l'utilité multiple des hommes qui habitent là et se délassent de leurs fatigues en fumant leur pipe, en lisant le journal ou en jouant aux dames. Use civière à sangles est accrochée dans un coin, prête à se déplier pour recevoir le maçon tombé de son échafaudage, l'homme écrasé par une voiture, l'enfant qui s'est brisé la jambe. Cette précaution n'est point nouvelle, et Mercier raconte que c'est de son temps qu'on mit des civières dans les postes afin de remplacer les échelles dont on se servait auparavant, en guise de brancards, pour transporter les malades ou les blessés dans les hôpitaux. Sur une planche sont symétriquement rangés des seaux de toile, des lampions et des torches ; contre la muraille sont appendus, côte à côte avec les proclamations, les règlements imprimés et les ordres du jour manuscrits, des tableaux qui contiennent l'adresse des médecins, des pharmaciens, des sages-femmes, des vétérinaires, des commissionnaires, des postes de pompiers et des porteurs d'eau du quartier. On y lit aussi celle des agents fontainiers, qui seuls ont le droit d'ouvrir les bornes-fontaines. La séparation des pouvoirs est un excellent principe, mais à la condition qu'il ne soit pas poussé à l'excès ; puisqu'en prévision de l'incendie on a armé les postes de police de tout ce qui peut contribuer à le combattre, pourquoi la clé des fontaines publiques n'y est-elle point déposée ? Le feu a le temps de faire bien des ravages pendant que l'on court réveiller l'homme indispensable, pendant que celui-ci s'habille et vient lâcher les robinets ; n'était-il pas plus simple puisque les sergents de ville, qui veillent nuit et jour, sont les premiers le plus souvent à signaler un sinistre, de leur donner la possibilité d'ouvrir sans délai, sans déplacement inutile, toutes les fontaines d'un quartier, et de permettre ainsi à une chaîne, à des secours, de s'organiser efficacement ?

A presque tous les postes sont annexés des *violons*, sortes de prisons provisoires destinées à garder momentanément les malfaiteurs, et qui sont au nombre de deux, l'un pour les femmes et l'autre pour les hommes. C'est un cachot plus ou moins grand, garni de bancs de bois scellés dans la muraille, éclairé par une lucarne placée très haut, de manière qu'on ne puisse se pendre aux barreaux de fer qui la protègent, et muni d'un immonde baquet destiné à toute sorte d'usages. Ces prisons sont infectes, de plus elles sont tellement glaciales qu'il est cruel d'y laisser séjourner quelqu'un pendant les nuits d'hiver. Les terrains coûtent cher à Paris ; il est donc bien difficile de donner aux postes de police l'espace qui leur serait nécessaire pour répondre aux besoins qu'ils sont destinés à satisfaire ; néanmoins, et fût-ce au prix d'un sacrifice, il y a lieu de modifier ces geôles, de supprimer le vase sans nom qui en empeste l'atmosphère et d'y ouvrir une bouche de chaleur qui leur ferait une température supportable. Les êtres qu'on y renferme, malandrins, filous, filles publiques et voleurs, ne sont point fort intéressants, on peut en convenir ; mais, si ce n'est par commisération, que ce soit du moins au nom de la civilisation dont nous sommes les représentants et dont tous nos actes envers qui que ce soit qu'ils se manifestent, doivent porter l'empreinte. Aussi qu'arrive-t-il ? Les sergents de ville, à moins qu'ils ne soient en présence d'énergumènes exaspérés, font venir les prisonniers dans le poste pendant les heures de grand froid, et les laissent se réchauffer autour du poêle. Lorsqu'ils ont affaire à des enfants égarés, abandonnés ou même coupables, le côté sentimental des vieux troupiers ne tarde point à se montrer. Le pauvre petit diable est roulé dans un manteau, couché sur un matelas, et souvent il passe là une bonne nuit tiède et réconfortante, comme il n'en a pas eu depuis longtemps. En tout cas, jamais, sous aucun prétexte, on ne réunit dans le même cachot les enfants et les hommes.

Le nombre des vagabonds, des mauvais sujets incorrigibles que les sergents de ville ramassent tous les soirs et consignent dans leurs postes est considérable, car les rondes qu'ils sont obligés de faire sont combinées d'une façon très ingénieuse. Le quartier dévolu à leur surveillance, est divisé en zones déterminées qui doivent être incessamment visitées par eut. Ils vont deux à deux, marchant sur les trottoirs et parfois s'enfonçant tout à coup dans une ombre portée où ils restent immobiles, guettant autour d'eux et prêts à courir où leur présence est nécessaire ; dans les endroits mal habités, fréquentés par les vide-goussets et les coupeurs de bourse, dans les parages des maisons en construction, des terrains vagues qui offrent de faciles abris aux chercheurs d'aventures, la petite patrouille des deux hommes est ordinairement précédée par deux agents vêtus en bourgeois, dont le costume ne donne pas l'éveil ; ce système produit de bons résultats et permet parfois de faire des captures importantes. Tout fait anormal remarqué par les hommes de ronde est inscrit au livre des rapports. La collection de ces documents doit être une lecture des plus curieuses ; c'est l'histoire de Paris heure par heure, minute par minute.

Indépendamment des 3,864 sergents de ville répandus dans Paris, il existe à la préfecture même une réserve formée de 5 brigades dites centrales, composées de 50 hommes chacune, et qu'on a surnommées les *vaisseaux*, parce que ceux qui en font partie, au lieu des numéros et des lettres d'ordre, portent les armes de la ville brodées au collet. Ces agents sont employés à certains service spéciaux ; ils occupent le poste des halles, sont envoyés aux Champs-Elysées, au bois de Boulogne, aux expositions, aux théâtres, aux fêtes publiques, aux revues, et sont mis en mouvement aussitôt qu'un cas exceptionnel se présente. Ce sont eux qui *donnent* dans les grands moments font les grosses besognes ; aussi n'entretiennent-ils pas des relations empreintes d'une cordialité irréprochable avec la population, qui les appelle volontiers *les cognes*. Une brigade également désignée par le vaisseau est exclusivement chargée du service des voitures publiques et d'appliquer les punitions administratives prononcées pour contraventions. La présence de tous ces agents dans les milieux encombrés par la foule procure une sérieuse sécurité relative à la ville de Paris, où tous les jours plus de 1,800,000 personnes sont en action. Leur aspect seul paralyse bien des malfaiteurs. On en à une preuve convaincante par ce qui s'est passé à l'exposition universelle de 1867. On se rappelle la cohue qui s'y entassait, les tentations de toute sorte qui semblaient attirer la main des filous ; grâce à la vigilance et à l'uniforme protecteur des sergents de ville qu'on apercevait dans chaque travée, dans chaque salle, presque devant chaque boutique, les vols ont été fort rares. Les déclarations reçues du 4 avril au 3 novembre inclusivement, c'est-à-dire pendant une période de sept mois, se sont élevées au chiffre de 169 ; une seule avait de l'importance, et constatait un vol de 36,800 francs commis dans la vitrine de M. Froment-Meurice le lendemain de la clôture définitive de l'exposition.

Ce n'est pas tout de surveiller la voie publique et d'assurer l'exécution des règlements de police ; il faut connaître cette population flottante, sans domicile fixe avoué, qui se déplace avec une facilité extrême et offre presque invariablement les éléments les plus nombreux aux statistiques criminelles. Le service spécial *des garnis* est chargé de cette besogne, qui parfois est assez délicate, et dont l'expérience a constaté l'utilité. Une ordonnance du 15 juillet 1832 contraint les logeurs, sous peine d'encourir l'application des articles 475 et 478 du code pénal, à tenir un registre sur lequel ils inscrivent le nom et la profession de tous les individus qui prennent demeure dans leur maison. Chaque jour, 156 agents parcourent, selon un itinéraire indiqué, les quatre-vingts quartiers de Paris, et relèvent chez tous les logeurs le nom des personnes mentionnées sur le livre de police, qu'ils frappent d'un visa indicatif. Il n'y a point d'exception à cette règle. Les agents visitent aussi bien les maisons meublées de la rue de Rivoli que les taudis de la rue de Venise. On connaît ainsi les entrées et les sorties quotidiennes, et l'on a une idée très nette de cet énorme mouvement de va-et-vient qui se fait dans les auberges parisiennes. Chaque nom, inscrit sur une fiche séparée, est adressé à un bureau administratif qui cataloguant ces bulletins et les rangeant par ordre alphabétique, est toujours prêt à dire si tel individu recherché figure sur la liste des garnis. Une vieille habitude monarchique assez puérile subsiste encore : on dresse une feuille des notabilités arrivées dans la journée, comtes, marquis, hobereaux français et étrangers, généraux, magistrats, et on l'envoie au préfet de police, qui la fait remettre au chef de l'état. On a même établi en 1867 une statistique de toutes les personnes venues à Paris pour voir l'exposition universelle ; on sait entre autres qu'il y eut 59,367 Anglais, 4 Cochinchinois, 43,835 Allemands, 16 Océaniens, 27,386 Belges, 33 Géorgiens, 4,750 personnages titrés,

Maxime Du Camp

50,335 propriétaires, 4,289 prêtres catholiques, 320 journalistes, 115 directeurs de postes, 222 armateurs, 501 hommes de lettres et 23 rabbins. Le total, moins élevé qu'on ne le suppose généralement, a été de 582,204, dont 200,346 étrangers.[1] Ce simple aperçu montre avec quel soin méticuleux cette singulière comptabilité est tenue et quel secours elle peut offrir aux investigations de la justice. C'est le service des garnis qui est également chargé de la surveillance des maisons de jeu clandestines. Ici la mission est parfois plus périlleuse ; ces sortes d'expéditions sont peu agréables, et il est rare qu'on n'y reçoive quelque horion, car il n'y a pas d'être plus récalcitrant qu'un joueur surpris et arrêté en flagrant délit. Cette double inspection donne lieu à plus de 20,000 rapports par an. On le comprendra sans peine lorsqu'on saura que la seule surveillance des garnis, au mois de mai dernier, s'exerçait sur 12,628 maisons qui logeaient 160,370 français et 33,127 étrangers. Le chef de ce service est, par fonction, muni des renseignements qui concernent les étrangers, et l'on peut croire que, s'il n'était discret, il en dirait de belles sur les princes, barons, marquis et autres personnages plaqués de faux titres qui viennent tâter les chances du monde parisien.

Le service des *mœurs*, dont je ne parle que pour mémoire, fait respecter les règlements en matière de morale publique. Ses attributions sont complexes et s'attaquent aux objets aussi bien qu'aux individus. Il met hardiment la main au fond des plaies les plus honteuses, et force la prostitution à rester dans l'ornière que les ordonnances lui ont creusée, mais dont elle tâche sans cesse de sortir ; c'est lui qui balaie les rues et les boulevards de tous ces immondices féminins à face provocante et hardie qui les encombrent et les souillent ; c'est lui qui sans pitié comme sans ménagement, — on l'a vu dans plus d'une circonstance outrageusement scandaleuse, — pourchasse ces êtres hybrides qui semblent avoir échappé par miracle au feu du ciel. S'il ne recherche pas directement les malfaiteurs, il les atteint parfois et les signale, car il connaît leurs alliées, qu'il suit, surveille et domine. Tout ce qui touche à la prostitution, depuis la fille soumise traînant dans la lie des cabarets borgnes ses guenilles dépenaillées jusqu'à la

---

1 Dans ce chiffre ne figurent pas les voyageurs que logèrent les particuliers, et dont le nombre fut très considérable.

grande demi-dame éhontée que les souverains fréquentent et qui va aux course sen voiture à quatre chevaux, tout cela lui appartient, et l'on peut croire qu'il en rend bon compte. Au point de vue de l'arrestation des criminels, son action peut être considérable. Il est rare que le voleur n'ait point pour maîtresse une de ces créatures sans nom qui se traînent autour des ruisseaux. Par leur métier, par insouciance de caractère, par faiblesse intellectuelle, elles commettent bien des contraventions que la police réprime et punit administrativement. Souvent, pour échapper à la dure discipline de leur prison spéciale, pour reprendre cette chaîne d'ivresse, d'annihilation de soi-même et de débauche qu'elles nomment la liberté, elles livrent les secrets qu'en une minute d'émotion malsaine on leur a confiés. On doit les écouter alors. Pour manier ces âmes molles, affaissées, il faut user d'une extrême douceur ; la moindre dureté extérieure les épouvante, la brutalité les ferme pour toujours ; comme des enfants chétifs et mal venus, ces pauvres êtres sont sujets à des saisissements subits, à des terreurs inexplicables. Telle fille s'attendrira sous l'influence d'une douce parole ou d'un bon procédé, mais restera impassible, apathique, muette devant des injures et de mauvais traitements. Autant par un sentiment naturel de pitié pour une telle déchéance que par besoin de pénétrer la vérité, on n'est point sans commisération à leur égard, et dans bien des cas elles ont pu reconnaître l'indulgence dont on avait fait preuve envers elles en faisant des révélations très précieuses, car lorsqu'un crime est commis à Paris, il est rare qu'elles n'en sachent pas le dernier mot.

Partie II

Le personnel de ces différentes branches du service actif s'occupe incidemment des malfaiteurs ; mais la recherche et l'arrestation de ces derniers appartiennent d'une façon spéciale à une brigade composée d'hommes d'un dévouement à toute épreuve et qu'on appelle exclusivement le service de sûreté, ou simplement *la sûreté*. Ce service, qui est la vraie sauvegarde, de Paris, est d'institution relativement récente, mais depuis sa création il a subi des modifications morales importantes. Autrefois le soin de s'emparer des criminels appartenait à la gendarmerie, à la troupe,

Maxime Du Camp

à des agents de police dont les fonctions mal définies étaient utilisées au hasard des circonstances. Ce système était déplorable et laissait circuler publiquement bien des malfaiteurs impunis. Ce fut Vidocq qui le premier, en 1817, sous la préfecture de M. d'Angles, organisa la brigade de sûreté ; mais on obéit alors et pendant longtemps à cette idée fausse, que, pour bien connaître les criminels, il était nécessaire de l'avoir été soi-même. Malgré sa jactance, son insupportable vanité et ses antécédents désastreux, Vidocq obtint des résultats considérables, et mit entre les mains de la justice bien des bandits qu'on cherchait en vain depuis de longues années. Ce qui souffrait le plus de cet état de choses, c'était l'action même de la justice. Vidocq était un galérien gracié, il faisait sa police à l'aide de forçats tolérés en liberté ; quand ses agents déposaient en cour d'assises, les accusés les interpellaient et leur rappelaient qu'ils avaient *fauché au pré* ensemble ou *buté* un homme dans telle occasion. Les témoins ne valant pas mieux que les malfaiteurs, le jury hésitait, et les avocats avaient beau jeu. Vidocq n'était même pas installé à la préfecture de police ; il avait établi son repaire, c'en était un, dans la petite rue Sainte-Anne, à laquelle a succédé la rue Boileau, Ouverte comme aujourd'hui sur le quai des Orfèvres, elle aboutissait alors par un passage vitré dans la cour de la Sainte-Chapelle. A Vidocq, remercié en 1827, succéda Coco-Lacour, un *chevalier grimpant* (voleur au bonjour), qui s'était fait une certaine célébrité par sa hardiesse. Les mêmes errements continuèrent, et des voleurs éhontés furent chargés de surveiller leurs acolytes. Les mauvais côtés, l'immoralité révoltante d'un pareil système, frappèrent M. Gisquet, et ce fut lui qui, rompant avec une tradition absurde, prononça la dissolution de la fameuse brigade par arrêté du 15 novembre 1832, et la reconstitua immédiatement sur d'autres bases, spécifiant que nul individu ayant subi une condamnation, si faible qu'elle fût, ne pourrait en faire partie. De là un grand émoi chez les agents, qui, ne sachant trop que devenir, se refirent probablement voleurs de plus belle. L'impulsion donnée a été suivie, l'idée première a pris un corps, et aujourd'hui les inspecteurs du service de sûreté ne sont pas seulement pris parmi des individus purs de toute condamnation, ils sont choisis avec un soin extrême, après enquête sérieuse, parmi les sous-officiers qui, sortant de l'armée, demandant à entrer dans la police. Partant d'un principe diamétralement opposé à celui qui avait guidé M. d'Anglès, on est arrivé à cette honorable conclusion, que des hommes exposés par métier à toutes les tentations de l'ivresse, du plaisir, de la débauche, devaient être d'une moralité de premier titre. Il faut qu'ils puissent traverser les bals, les cabarets, les mauvais lieux sans même sourciller, et que, comme Ulysse, ils aient les oreilles bouchées. Ce n'est pas en un jour qu'on a pu réunir, pour cette œuvre pleine de périls et de difficultés, un personnel impeccable ; mais on y est parvenu, et depuis bien des années déjà. Presque tous les hommes de *la sûreté* sont mariés, pères de famille, et la régularité de leurs mœurs jure singulièrement avec la vie qu'ils sont obligés de mener. Il faut du temps, lorsqu'on les étudie de près, pour comprendre ce double caractère et pour en saisir les dissonances voulues, qui ne sont qu'extérieures et superficielles. *La sûreté* se compose aujourd'hui de 1 officier de paix, chef de service, de 4 commis de bureau, de 4 inspecteurs principaux, de 6 brigadiers, de 6 sous-brigadiers, de 117 inspecteurs et de 7 auxiliaires : total 145 personnes. Tel est le chiffre de l'armée qui tient en échec les malfaiteurs de Paris ; c'est à ne pas y croire.[1]

On s'est beaucoup préoccupé du service de sûreté ; on a lu avidement les mémoires de Cauler et même ceux de Vidocq, quoique ceux-ci ne méritent guère qu'on s'y arrête, lorsqu'on sait comment ils ont été compilés ; les romans, les drames, ont usé et abusé de l'agent de police, et n'ont prouvé que la féconde imagination de nos écrivains. L'agent de *la sûreté* ne vit pas, comme on semble le croire, dans un perpétuel mystère ; mais, pour être assez simples et dénués de romanesque, ses moyens d'action n'en sont pas moins puissants. Le premier soin des inspecteurs est de bien connaître ce personnel de mauvais sujets qui rôdent sans cesse dans Paris comme autour d'une proie, et de savoir la spécialité de chacun d'eux, afin de catégoriser, dès qu'ils ont vent d'un crime, le nombre de ceux qui ont été capables de le commettre. Ils doivent tout voir, tout entendre et ne jamais être remarqués ; ils doivent avoir fait une étude des mœurs particulières des voleurs de façon à pouvoir les retrouver, les suivre et les arrêter. A cet égard, ils sont extraordinaires, et bien souvent sur la simple déclaration d'un

---

1 Je rappelle que le nombre des individus arrêtés à Paris en 1868 a été de 35,751, dont 31,879 ont été traduits devant les tribunaux ; voyez la *Revue* du 1ᵉʳ juin 1869.

Maxime Du Camp

vol, ils disent : C'est le fait d'un tel, nous le *pincerons* ce soir, à tel endroit, — et ils le font comme ils ont dit. « On n'est pas policier comme on est soldat, écrit Canler, par la force des choses et par les chances d'un tirage au sort ; il faut pour cela des dispositions naturelles que bien des sergents de ville de nos jours ne possèdent pas et ne posséderont jamais. » Il a raison ; avant tout, il faut l'instinct, il faut le goût du métier ; le reste ne vient qu'en seconde ligne et peut s'acquérir avec un peu d'expérience. Ces hommes-là sont des chasseurs, on l'a dit souvent ; ils en ont les joies, les ruses, les déceptions. Quand ils ont réussi, ils se transfigurent et ne sont plus reconnaissables ; leurs yeux brillent, ils parlent avec volubilité, ils rougissent de plaisir. J'en ai vu au moment où ils venaient de terminer une affaire délicate qui ne donnait prise que par un point très douteux ; ils étaient d'une expansion folle, et ressemblaient à un chasseur qui vient de faire un coup double de gelinotte. Ils ont un courage sans pareil, le vrai, le grand courage, celui qu'un homme qui s'y connaissait appelait le courage de deux heures du matin, le courage la nuit, en présence d'un danger certain, mais dont la forme est toujours inconnue, le courage en bourgeois, sans l'uniforme qui excite l'esprit de corps et exalte la vanité, le courage pour une œuvre obscure, sans gloire et qui toujours restera ignorée. Le 2 mars 1848, au lendemain de la révolution, M. de Nicolaï reçoit une lettre dans laquelle on lui dit que, s'il veut éviter de voir mettre le feu à son hôtel, il doit déposer une somme de 3,500 francs à un endroit désigné. La police prévenue envoie des agents en surveillance. Bientôt arrive un homme qui, après s'être assuré que personne ne passait dans la rue, se dirige vers le lieu où un simulacre de dépôt avait été fait. Un agent se précipite sur lui, le voleur esquive l'étreinte et se sauve. L'agent le poursuit, l'atteint et le saisit au collet. A ce moment et avant que ses camarades aient pu le rejoindre, il sent que le voleur lui applique sur le visage un objet creux, circulaire et froid qu'il prend pour le canon d'un pistolet. Il ne lâche pas son homme et lui dit : Tire donc, imbécile ; mes camarades te rattraperont bien. L'homme qui parlait ainsi était persuadé qu'il allait mourir. Ce qu'il avait cru être la gueule d'un pistolet était simplement le goulot d'une bouteille pleine de chloroforme, à l'aide de laquelle le bandit, peu versé dans les mystères de l'anesthésie, espérait endormir instantanément celui qui l'arrêtait. Cet agent était destiné à finir de mort violente ; il fut tué raide d'un coup de feu à Bruxelles au moment où il cherchait à s'emparer d'un assassin.

Ces faits ne sont pas rares, on pourrait en citer à la douzaine ; un ou deux surnagent dans le souvenir des vieux employés, les autres disparaissent, s'éteignent, et l'on n'en retrouve plus la trace. Cela est regrettable. Paris, indifférent, banal et présomptueux, ignore avec quel dévouement il est servi. Dans les livres de Fenimore Cooper, nous avons tous admiré la sagacité des Indiens suivant la piste de guerre ; nous nous sommes étonnés de leurs ruses, de leur adresse, et bien souvent nous avons dit : De tels hommes peuvent-ils exister ? Les inspecteurs du service de sûreté ne sont pas moins extraordinaires et ne dépensent pas moins de génie naturel. Attaquer un homme même à forces inégales, c'est peu de chose ; mais le guetter, abrité derrière un pan de mur, courbé sous un banc, accroupi à l'angle d'une maison, rester là immobile sous la pluie qui tombe, sous le givre des nuits d'hiver, non pas pendant une heure ou deux, mais parfois pendant dix ou douze heures de suite, résister à l'ennui, à l'engourdissement, au sommeil, ne point parler à son camarade pour ne pas attirer l'attention, ne correspondre avec lui que par des gestes insaisissables ou par des clignements d'yeux, cela paraît tellement en dehors de nos habitudes remuantes et civilisées que je n'y croirais pas, si je n'en étais certain. Il y en a qui, vêtus en commissionnaires, restent toute une journée à regarder une fenêtre. Lorsqu'on a lu les rapports de la surveillance établie pour s'assurer si Jude ne se rendait pas dans une maison signalée, on reste confondu que des hommes, des Français, aient pu endurer un pareil supplice sans sécher sur place. Dernièrement une des barrières les plus populeuses de Paris était trop visitée par des *voleurs au poivrier*, qui dévalisaient les ivrognes. Des agents se sont, le soir venu, embusqués dans l'ombre ; deux ou trois autres, étendus sur des bancs, ont feint de dormir. Il tombait une de ces petites pluies fines et serrées qui en vingt minutes ont trempé un homme des pieds à la tête. On était là depuis sept heures du soir. Vers minuit, nul incident ne s'était produit ; personne n'avait déserté son poste ; à deux heures du matin, une bande de filous vint à passer ; quelques-uns approchèrent des faux *poivriers*, et déjà commençaient à *faire le barbot*, lorsqu'on se jeta dessus ; on en arrêta dix-sept ; la capture en valait la peine. La persistance dont les agents font preuve est égale à leur patience. Qu'un couteau soit trouvé sur le lieu où un crime a été commis, ils iront sans se décourager chez tous les couteliers de Paris, afin de savoir quel est celui d'entre eux qui a vendu ce couteau et à qui il l'a vendu. Canler raconte dans ses mémoires qu'un chiffon de papier sur lequel étaient écrits ces quatre mots, deux livres de beurre, le mit sur la trace d'un voleur dangereux qu'il put arrêter.

La vue d'un objet oublié par les malfaiteurs leur fait parfois deviner immédiatement à qui il appartient. Lors du fameux vol des médailles de la Bibliothèque royale, dans lequel se trouva compromise une certaine vicomtesse qui allait parfois faire des visites au préfet de police, il suffit aux agents de la sûreté d'examiner la scie, la lanterne et la corde abandonnées par les voleurs dans le cabinet même où le méfait avait été commis, pour nommer immédiatement Etienne Fossard et Drouillet, qui en effet étaient les auteurs du crime. Une telle pénétration est le fruit d'observations perpétuellement renouvelées, d'une expérience que chaque jour fortifie, et d'une tension d'esprit que rien ne fait fléchir. Il en est des facultés intellectuelles comme des muscles du corps ; à force de les exercer, on les développe outre mesure. C'est ainsi que les agents de la sûreté acquièrent une mémoire surprenante, et qu'il leur suffit parfois d'avoir aperçu un visage pour le reconnaître malgré les modifications qu'on a pu lui faire subir. Un jour, un inspecteur du service de la sûreté, passant sur le quai aux Fleurs, avise un individu dont la figure éveille en lui un souvenir confus. A tout hasard, il se met à suivre l'homme, qui, se voyant *filé*, monte dans un omnibus. L'agent en fait autant, s'installe en face de lui et se met à le regarder fixement. Le pauvre diable se trouble et dit à voix basse : Ne m'arrêtez pas devant tout le monde. Lorsque l'omnibus, continuant sa route, fut arrivé sur le quai de l'Horloge, devant la rue de Harlay, l'inspecteur descendit avec sa capture, qu'il réintégra au dépôt. C'était un voleur qui, le matin même, avait trouvé moyen de s'évader d'un des bureaux de la préfecture où l'agent l'avait aperçu en traversant un couloir. Le hasard y est pour beaucoup, soit ; mais il faut être attentif à toutes les révélations inattendues des circonstances fortuites. A force de ne penser qu'à l'objet de leur mission, ils semblent n'avoir plus d'autre sentiment que celui d'une investigation perpétuelle. S'ils pénètrent dans une chambre encore pleine de sang et dont les corps assassinés n'ont point été enlevés, ils ne s'attendrissent pas, ils ne perdent pas leur temps en lamentations superflues ; avant tout autre soin, ils regardent par où le meurtrier est entré, par où il a pu fuir, de quelle façon il a accompli le crime, quel vol il a commis. Lorsque le chef du service de sûreté, qui à cette époque était M. Allard, eut vu le cadavre de la duchesse de Praslin effroyablement mutilé, il dit à M. Gabriel Delessert, anéanti d'émotion : « Ça, monsieur le préfet, c'est un coup d'amateur. » Ce seul mot contenait toute la révélation du drame.

Pour aller à ces expéditions, où leur vie est à la merci de gens violents, n'ayant plus rien à craindre, souvent exaspérés, on pourrait croire que les inspecteurs sont armés ; on se tromperait. Les criminels qu'ils doivent arrêter appartiennent à la justice, et ils mettent un certain point d'honneur à les lui livrer intacts, sains et saufs. Il y a des horions de temps à autre, ceci n'est point douteux ; mais les agents ont une telle habileté pour saisir un individu, paralyser ses moyens d'action, pour l'*emballer*, comme ils disent, qu'il est bien rare qu'ils aient à déployer leur force. Ils ne portent ni canne, ni bâton, qui ne serviraient qu'à les embarrasser, chacun d'eux a seulement dans sa poche un *cabriolet* et une *ligotte*. Le cabriolet est une corde longue environ de 25 centimètres, faite de cette corde spéciale qu'on appelle *le septain*, parce qu'elle est composée de sept brins tordus ; il est muni de trois nœuds, et chacune des extrémités est fixée à un bout de bois qui a exactement la forme d'un manche de vrille. On entoure le poignet droit de l'individu arrêté et l'on tient à la main les deux manches de manière à pouvoir serrer à volonté et à faire *cabrioler* tout récalcitrant trop rétif. La ligotte est également une corde très solide, mais sans nœuds et assez longue pour pouvoir ficeler les bras et les jambes d'un homme qui résisterait violemment. Les agents n'ont point d'autre arsenal quand ils vont à la bataille. Du reste je dois dire que la carrure des épaules et la large *poigne* de tous ceux que j'ai vus sont fort rassurantes, et laissent penser qu'on n'en aurait pas facilement raison. Se déguisent-ils ? Ils n'aiment guère à en convenir, mais le fait me paraît d'autant moins niable qu'ils ont dans leur vocabulaire particulier un mot, *se camoufler*,

Maxime Du Camp

qui n'a pas d'autre signification. Chateaubriand, arrêté en juin 1832, raconte dans ses *Mémoires* que, pendant qu'il attendait son ordre d'écrou dans la cour de la préfecture de police, il vit entrer des agents vêtus en charbonniers, en forts de la halle, en invalides, en joueurs d'orgue, en crieurs des rues. J'ai vu moi-même, il y a une vingtaine d'années, le même individu couvert d'une blouse, coiffé d'une méchante casquette, distribuer le matin des bulletins de vote à l'entrée d'une mairie et le soir apparaître au bal des artistes à l'Opéra-Comique en habit noir, fort élégant, portant une plaque au côté et affectant tous les dehors d'un diplomate étranger. Quoique cette habitude de déguisement qui était une tradition de la vieille police soit passée de mode aujourd'hui, elle n'est pas encore tout à fait abandonnée. Il a existé autrefois un vestiaire spécial où les agents trouvaient les costumes dont ils avaient besoin ; mais peu à peu ces loques ont été mangées par les vers et jetées à la borne. Actuellement on n'a recours au travestissement que par exception ; il serait aussi inexact de dire que les agents ne se déguisent jamais que de dire qu'ils se déguisent toujours. On les laisse libres, et, pourvu qu'ils remplissent bien leur mission, il importe peu que ce soit sous un vêtement ou sous un autre. Il n'y a pas fort longtemps que deux inspecteurs furent chargés de faire une surveillance très importante dans un des hôtels de Paris, exclusivement fréquenté par les étrangers de distinction. L'affaire était scabreuse et exigeait de l'habileté. Un des agents se donna pour ancien ambassadeur, et son compagnon, vêtu en domestique, prit le rôle de valet de chambre. Rien ne les démentit pendant un séjour de deux semaines ; l'un était d'une fierté bienveillante et recevait de l'excellence sans sourciller, comme un homme rompu à toutes les grandeurs de la terre ; l'autre, humble, empressé, parlait volontiers de son « bon maître, » et faisait son service dans la perfection. Une fois la mission terminée à leur plus grande gloire, ils retournèrent à leur poste ; mais le grand seigneur s'était si bien identifié à son personnage, que, s'entendant tutoyer par son domestique redevenu son égal et son collègue, il se retourna, saisi d'une indignation réelle, et s'écria : Qu'est-ce à dire ? et d'où vient un tel excès de familiarité ?

Lorsqu'un agent reçoit un ordre, on s'en rapporte à lui pour l'exécution ; il doit trouver dans les ressources de son esprit les moyens de réussir, inventer les prétextes qui lui permettront d'entamer une conversation dont il pourra tirer parti, qui lui faciliteront l'accès d'une maison close, qui lui donneront la facilité d'isoler un malfaiteur entouré d'amis, qui l'empêcheront de s'exposer à un danger inutile. Il faut une fertilité d'imagination sans pareille. Du reste les filous semblent les aider ; malgré la finesse et les rouéries que l'on se plaît trop gratuitement à prêter aux voleurs, ils sont en général d'une bêtise peu croyable. Ils ressemblent presque tous à l'autruche qui, la tête cachée sous une feuille, s'imagine qu'elle n'est pas vue parce qu'elle ne voit pas. Il suffit parfois de faire dire à un malfaiteur qu'il est attendu chez un marchand de vin pour qu'il s'y rende immédiatement. Il y a quelques semaines, on apprit avec certitude qu'un forçat évadé de Cayenne travaillait au faubourg Saint-Antoine chez un menuisier. Des agents se rendirent près de l'atelier, un d'eux entra, et, s'adressant à l'homme recherché, le pria de venir tout de suite faire une réparation urgente dans une maison voisine. Sans défiance, le condamné en rupture de ban sortit, fut immédiatement appréhendé au corps, *ligotté* et jeté dans un fiacre qui l'attendait. Il protestait et disait : Je suis un bon ouvrier, je me nomme Florent ; les agents lui répondirent : Vous vous justifierez à la préfecture. — Il répéta toutes ses explications devant le chef du service, qui lui répliqua : « Vous ne vous appelez pas Florent, vous vous nommez B… ; vous avez été condamné par telle cour d'assises à dix ans de travaux forcés ; vous vous êtes échappé par les possessions hollandaises, vous vous êtes rendu à Londres, où vous avez logé à tel endroit ; vous êtes rentré en France par Calais ; vous portez au bras gauche un tatouage, le voila ; vous avez une cicatrice de petite vérole à la narine droite, la voici ; ne niez donc pas l'évidence, et avouez franchement la vérité. » L'homme atterré contemplait son impassible interlocuteur et gardait le silence ; la précision des paroles qu'il entendait le remplissait d'une sorte de stupéfaction mêlée d'épouvante ; il se décida enfin à parler et dit : « Je ne sais pas où vous avez appris tout cela, mais c'est vrai ; je suis un évadé. »

Où donc ont-ils « appris tout cela ? » C'est en effet la question que chacun peut se poser. Il est facile d'y répondre. Si actif, si intelligent, si dévoué qu'il soit, le service de sûreté serait promptement débordé par la masse des malfaiteurs, si parmi eux il n'avait des alliés obscurs et inconnus qui, en échange de quelques tolérances administratives, apportent un contingent de renseignements très précieux. Ce sont le plus souvent des repris de justice dont on souffre la présence à Paris à la condition qu'ils mettront sur la piste des crimes commis et faciliteront par toute sorte de moyens l'arrestation des coupables. On les appelle les *indicateurs*, et les services fort importants qu'ils rendent ne ruinent pas l'administration, car ils ne coûtent guère plus de 500 ou 600 francs par mois. Qu'on n'aille pas croire qu'ils reçoivent une paie régulière, non pas ; ils ont des gratifications proportionnelles à l'*affaire* : 5 fr. pour un vol simple, 25 francs pour un vol qualifié, 50 francs pour un assassinat. Il est difficile de s'en tirer à meilleur compte. Les indicateurs en correspondance avec *la sûreté* sont-ils tous à Paris ? Je l'ignore, mais je ne répondrais pas qu'il n'y en eût à Londres, à Bruxelles et dans d'autres grandes villes. On se fait une très fausse idée des voleurs ; on s'imagine volontiers qu'ils se gardent entre eux la foi jurée, et l'on parle avec quelque complaisance de « la probité du forçat. » Rien n'est moins vrai. Les plus hardis, les plus énergiques, ne résistent pas à quelques améliorations insignifiantes apportées pour eux au régime de la prison ; Lacenaire lui-même, malgré sa forfanterie, *vendit la mèche*, comme il disait lui-même, et livra ses complices. Par-dessus tous les autres, le voleur parisien dénonce sans scrupule ses camarades. Pourquoi ? D'abord « parce qu'il est *voltairien* et ne croit pas à la vertu, » — j'ai entendu le mot, — et puis parce qu'il redoute singulièrement d'être envoyé dans les maisons centrales et qu'à tout prix il veut faire son temps dans les prisons du département de la Seine ; il a beau être claquemuré, clos de grilles, être surveillé par des gardiens peu faciles à attendrir, ne pas même entendre les bruits de la ville, n'apercevoir le ciel qu'entre les hautes murailles d'un préau, il sent qu'il est encore à Paris, et, pour jouir d'une félicité si grande, il dit volontiers ce qu'il sait. Aussi on a dans les prisons parisiennes, au *dépôt* de la préfecture de police, des révélateurs auxquels on donne quelques sous de temps en temps et qu'on appelle *la musique*. Ils racontent les confidences qu'ils ont reçues, indiquent le vrai nom des individus qui cachent leur identité, et mettent bien souvent l'administration à même de marcher à coup sûr dans des circonstances où la sagacité seule des agents pourrait être mise en défaut. A cet égard, on laisse

Partie II

une certaine latitude au chef du service de sûreté pour apporter quelques adoucissements compatibles avec le règlement intérieur des prisons, et l'on fait bien ; c'est de la bienveillance placée à gros intérêts.

Il y a des cas subits, isolés, qui échappent à l'action des indicateurs. Les inspecteurs restent livrés à leur seule induction, et parfois ils ont accompli de véritables tours de force. Le 6 octobre 1865, on trouva dans le bois d'Orgemont, près d'Argenteuil, le cadavre d'un vieillard assassiné qui est reconnu pour être M. Lavergne. La veille, il a été rencontré en compagnie d'un homme de mauvaise mine, coiffé d'une casquette rabattue sur les yeux, chaussé de brodequins à bouts larges et portant au-dessous du pouce de la main gauche une sorte de tache bleuâtre qui pouvait bien être un tatouage. Muni de renseignements aussi vagues, on se met en chasse. Dès le 8, on est sur la piste de l'assassin ; d'autres indications recueillies çà et là permettent de compléter son signalement. Le 9, on sait, dans quelle mauvaise maison il a passé la nuit du 6 au 7 et qu'il se nomme Gabriel. Le 10, on le suit de plus près ; on a retrouvé l'emploi de son temps depuis le crime :: les recherches continuent avec un ensemble admirable, on reconstitua sa vie heure par heure. Le 11, on apprend, à n'en pouvoir douter, que c'est un forçat en rupture de ban. Le 12, on découvre le marchand d'habits chez lequel il a acheté des vêtements neufs ; le 13, au petit jour, on arrive dans le garni où il a dormi, mais dont il vient de sortir ; le 14, il est arrêté à sept heures du matin au moment où il entre dans une auberge de la rue Saint-Honoré. Amené au dépôt, on le fait voir sans éveiller ses soupçons par les hommes de *la musique*, qui le reconnaissent pour le nommé Barthélémy Poncet, frappé de huit ans de travaux forcés, évadé de Cayenne.

Autant que possible, et à moins qu'ils n'y soient contraints par des circonstances spéciales, les inspecteurs de la sûreté n'arrêtent jamais, personne dans un lieu public, bal, café, cabaret, théâtre ; ils *filent* l'individu recherché lorsqu'il sort, et s'en emparent au coin de quelque rue déserte, ou quand il passe devant un poste de police dans lequel ils peuvent le faire entrer immédiatement. Lorsqu'ils partent pour une de leurs aventures familières, le chef de service leur recommande toujours d'*éviter le coton*, c'est-à-dire de procéder d'une manière très circonspecte, d'empêcher qu'il y ait rixes ou batailles, et de ne compromettre en rien les établissements où ils vont rechercher les voleurs.

Parfois un enchaînement très naturel de circonstances amène un résultat qui au premier abord semble tenir du miracle. Il y a quatre ans environ, trois Anglais entrent chez le chef du service de sûreté ; ils déclinent leurs noms, l'un est un des principaux agents de la police de Londres, les deux autres sont de riches bijoutiers de la Cité. Ils disent que, quatre jours auparavant, un commis a dévalisé complètement la boutique de ses patrons, a enlevé pour 400,000 fr. de bijouterie, que le voleur est sans doute à Paris, et qu'il serait urgent de le faire rechercher. Au signalement donné, le chef de service répond : « Je connais votre affaire ; » puis il fait extraire du *dépôt* un détenu qui était bien le coupable, et montre aux Anglais stupéfaits trois caisses qui contenaient les bijoux réclamés. L'émotion fut si forte qu'un des bijoutiers s'évanouit. On crut à un prodige, rien n'était plus simple. Le service de sûreté avait été prévenu qu'un jeune homme descendu au meilleur hôtel de Paris avait, le jour même de son arrivée, fait cinq engagements au mont-de-piété ; on avait été faire une visite chez ce voyageur si fort au courant du prêt sur gage, on avait trouvé des malles où des bijoux étaient littéralement jetés en tas, et, flairant un crime, on avait arrêté l'un et saisi les autres.[1]

Le service de sûreté n'a pas pour seule mission la recherche des coupables en vertu des arrêts, jugements ou mandats de justice ; il prévient la perpétration autant que cela est possible, il arrête en cas de flagrant délit, aide le parquet dans les cas d'investigations urgentes et de renseignements à recueillir sur place ; c'est lui qui démêle d'abord les affaires embrouillées, afin que la justice y voie clair et puisse marcher vers son but avec quelque certitude. Il assiste les commissaires de police dans leurs perquisitions ; de plus il rend compte de la conduite des repris de justice et des libérés en surveillance. Les ruptures de ban lui valent un surcroît de travail excessif. Grâce aux chemins de fer, tout individu interné en province a bien vite fait de rentrer à Paris, dans cette ville de

---

1 Le plus curieux, c'est que la police anglaise, selon son usage, réclama le tiers de la valeur comme prime de capture, c'est-à-dire 133,000 francs. Les tribunaux anglais la déboutèrent. Les négocians envoyèrent 30,000 francs à M. Claude, chef du service de sûreté, qui naturellement les refusa.

son rêve perpétuel où il y a tant de cabarets, tant de filles, tant d'abris, tant de bons coups a faire ; on n'arrive pas seulement des départements, on revient de plus loin, de Cayenne et de la Nouvelle-Calédonie ; depuis 1852 jusqu'au 1er décembre 1867, 1,005 forçats se sont évadés de ces deux colonies pénitentiaires. Quelques-uns, comme Giraud de Gatebourse, ont été, il est vrai, mangés par les crabes dans les vases où ils s'étaient englués en fuyant ; mais d'autres sont revenus : l'assassinat d'Argenteuil est là pour le prouver. La surveillance de ces bandits n'est pas toujours commode à exercer, d'autant plus que, mûris par l'expérience, ils sont fertiles en ruses, comme le fils du divin Laërte. En 1852, la sûreté arrêta un forçat redoutable échappé du bagne et nommé Pernot ; on le remit à la gendarmerie pour qu'il fût réintégré à Toulon. Pendant le trajet de Châlon à Lyon, et bien qu'il eût des menottes, il s'élance du bateau à vapeur, et se jette dans la Saône, où il disparaît. Grande rumeur ; on fait stopper, les gendarmes, fort penauds, descendent à terre et se livrent à de minutieuses recherches qui restent infructueuses. Le procès-verbal constatant « le décès par immersion » du forçat arrive à la préfecture, où Pernot était déjà depuis deux jours. Précédant à Paris l'annonce de sa mort et reconnu par un inspecteur dans un cabaret, il avait été arrêté immédiatement.

On se passionne pour ce métier, et cela se comprend, car au dire de ceux qui l'ont pratiquée, la chasse à l'homme est le plus émouvant de tous les plaisirs. Et puis n'y a-t-il pas un attrait supérieur à déjouer les ruses, à arracher les masques et à mettre à nu la vérité, si hideuse qu'elle soit ? C'est à cela qu'ils excellent, ces hommes auxquels nulle illusion ne doit plus rester. Une oscillation des traits du visage, une contraction involontaire des muscles de la bouche, un mouvement des yeux, leur suffisent parfois et leur indiquent sur quelle corde ils doivent spécialement appuyer pour amener le criminel à se confesser. Chose étrange, comme pour ces créatures perdues dont j'ai parlé plus haut, tout mauvais traitement les trouve insensibles ; la rigueur s'émousse sur des êtres dont la vie n'a été qu'une longue et terrible lutte contre la faim, le froid et la meute des mauvaises passions. Une bonne parole au contraire les adoucit autant qu'elle les étonne. Dans ces tristes bureaux, qui ont vu passer plus de crimes qu'il n'y a de tourments dans l'enfer de Dante, on ne désespère jamais, car on sait par expérience qu'il n'est si farouche criminel qui ne garde au fond de son cœur un point vulnérable. Il ne s'agit que de le découvrir. Ces malheureux échappés des tapis-francs, attendus par les bagnes, ressemblent à ces vieilles épinettes qu'on rencontre dans les auberges des villages allemands ; toutes les touches sont brisées, sauf une seule qui résonne encore lorsqu'on met le doigt dessus. J'ai vu des hommes tout pétris de vices éclater en sanglots lorsqu'on leur parlait de leur mère ou de leur pays.

Le service de sûreté est peut-être le plus important de tous les services ; il est l'organe même de la sécurité de Paris. Son chef actuel a la vertu principale qui convient à de si considérables fonctions : il est modeste. C'est surtout dans ces délicates et redoutables matières qu'il ne faut ni jactance ni forfanterie, que tout zèle inutile est coupable et compromettant. Dans sa jeunesse, il a côtoyé la magistrature, et de ce contact il a gardé quelque chose de froid et de réservé qui tromperait singulièrement, si l'on se laissait prendre aux apparences, car il a pour son œuvre une ardeur de dévouement dont il a donné des preuves nombreuses. C'est par lui que la justice veille, et il l'aide à remplir son mandat de protection. Petit, trapu, grisonnant, ayant le visage soigneusement rasé, il a l'air au premier aspect d'un paisible notaire de province. Lorsqu'on a regardé attentivement ses petits yeux bleus, qui ont des étincelles qu'il ne parvient pas toujours à éteindre, quand on l'a vu manier un criminel, multipliant les nuances de l'interrogatoire, fuyant, revenant, faisant des feintes de dialectique comme on fait des feintes dans un assaut d'armes, on comprend qu'on est en présence d'un homme dont l'énergie, la pénétration et le sentiment du devoir ne peuvent être mis en défaut. Il procède à l'égard des criminels avec une probité imperturbable, et, quand il leur a fait une promesse, il la tient toujours, à quelque prix que ce soit. Si c'est habileté, on ne peut que l'approuver, car la confiance qu'il leur inspire a souvent amené des révélations inespérées. Je ne serais pas surpris que le souvenir de quelque bonté témoignée jadis à des forçats qui depuis se sont évadés et vivent hors de France lui ait valu des lettres pleines d'indications précieuses. C'est là du reste le secret professionnel, et l'on peut croire qu'il ne me l'a pas livré. Il mène sa petite troupe d'inspecteurs avec l'aplomb d'un vieux capitaine accoutumé au feu. Sa brigade est fort redoutée ; les malfaiteurs en savent quelque chose, et la haine qu'ils portent à ces hommes toujours en action pour notre repos doit valoir à ceux-ci l'estime des honnêtes gens.

Partie III

Je ne me suis occupé jusqu'à présent que du service actif, il est temps de parler du service exclusivement administratif et de dire dans quelles larges proportions il concourt à l'œuvre commune. La préfecture de police est une personne fort soigneuse, elle aime l'ordre par goût, et l'expérience lui en a démontré la nécessité ; aussi elle ne perd rien, elle enregistre tout, et il n'est si mince chiffon de papier qu'elle ne conserve précieusement, et dont elle ne sache tirer bon parti à un moment donné. Les bulletins levés par les inspecteurs des garnis sont, je l'ai indiqué plus haut, collationnés et divisés alphabétiquement, de manière que les recherches y soient sûres, rapides et faciles. Tous les cochers de voitures publiques, fiacres, omnibus, coupés, sont connus ; on sait le numéro qui leur a été assigné, la compagnie qu'ils servent, la remise qu'ils occupent. Il en est de même des commissionnaires ; ils ne peuvent exercer leurs multiples fonctions qu'après avoir obtenu l'autorisation de la préfecture, qui leur indique un lieu habituel de stationnement et leur délivre une médaille qu'ils doivent toujours porter d'une manière apparente. A la fin de décembre 1868, il existait à Paris 2,024 commissionnaires ; ils ont avec la préfecture une relation fort lointaine, il est vrai, mais qui permet cependant de les retrouver avec certitude. Les passeports, qui aujourd'hui sont devenus facultatifs, étaient un puissant moyen d'investigation ; les livrets, qui vont, dit-on, bientôt disparaître, aident singulièrement aussi à la surveillance des filous. Si la mesure qui doit les supprimer est adoptée, c'est qu'elle était probablement devenue nécessaire ; mais en la proposant on ne paraît pas avoir réfléchi à ce fait très simple, que la préfecture ne peut jamais refuser un livret à un ouvrier et qu'un patron peut toujours refuser un certificat. Les hommes qui sont chargés de veiller au maintien de la propriété et de l'existence de Paris, qui pourchassent les malfaiteurs jusque dans leurs repaires les mieux cachés, gémissent et s'indignent toutes les fois qu'on leur enlève un de ces instruments de recherches qui,

Maxime Du Camp

entre leurs mains, sont les organes du salut commun. Lorsque j'ai fait une étude sur *les voitures publiques à Paris*, j'ai parlé en détail du *dépôt*, vastes docks où l'on garde pendant un an et un jour les objets trouvés dans les rues, dans les fiacres, les omnibus, les wagons, les garnis, les théâtres, les cabarets et les cafés. Ce pandémonium où tout se côtoie, le collier de perles oublié dans une loge d'opéra et le vieux parapluie laissé contre un comptoir de cabaret, donne de précieux renseignements, lorsqu'on sait y regarder avec méthode. Bien des objets qu'on croit perdus ont été volés et bien des objets qu'on croit volés ont été perdus. Aussi, dès qu'une déclaration de vol est transmise à la préfecture, on va au dépôt, et souvent on y retrouve l'objet signalé ; de même lorsqu'on vient réclamer un objet égaré, si on ne le rencontre pas au dépôt et si les circonstances recueillies donnent lieu à quelques doutes, on commence une enquête, et bien souvent on arrive à la constatation d'un vol, constatation qui permet de suivre régulièrement l'affaire et fréquemment de livrer des coupables à la justice. Pour ne point trop s'égarer dans ces dédales du crime où la diversité des espèces et la quantité des individus créent des difficultés qui parfois semblent insurmontables, il faut connaître d'une manière absolument précise les antécédents de tous les malfaiteurs. C'est à quoi la préfecture de police parvient avec une sûreté vraiment diabolique grâce à l'organisation des *sommiers judiciaires*, organisation si complète, si régulièrement alimentée, si bien renseignée, qu'elle est absolument unique au monde, que les polices des autres pays l'admirent, y ont souvent recours et n'ont jamais pu l'imiter. Qu'on se figure trois ou quatre grandes salles ternes et poudreuses, si obscures dans certains recoins que le gaz y est allumé à midi ; çà et là quelque chat qui dort en attendant que la nuit lui donne droit de chasse, partout des tables en bois noires sur lesquelles sont penchés des commis qui écrivent, puis du plafond au plancher des corridors formés par d'énormes casiers remplis de boîtes sans couvercles où sont entassées des fiches de papier. C'est là que sont les grandes archives, les titres de noblesse de la criminalité. Tout délit commis dans l'empire français, à Paris, à Mahé, à Nouméa, à Laghouat, trouve là sa trace et sa preuve.

Dès qu'un individu est traduit devant les tribunaux, son nom, son âge, son lieu de naissance, son signalement très détaillé, sont portés sur un bulletin : chaque condamnation subie par lui est inscrite avec la date, les motifs du jugement et la peine infligée. Si l'individu a, pour dérouter les recherches, pris un pseudonyme, un bulletin pareil est fait à chacun des faux noms derrière lesquels il s'est caché : complication fort encombrante, mais qui seule amène de sérieuses constatations d'identité ; quelques criminels ont subi des condamnations sous quinze ou vingt noms différents ; Lacenaire eut jusqu'à trente et un pseudonymes. Ce service fonctionne avec une activité fébrile, car si d'une part les documents lui arrivent en foule, de l'autre les demandes de recherches sont incessantes, et douze commis suffisent à peine aux besognes journalières. Les casiers renferment actuellement 4,610 boîtes qui, à 750 fiches au minimum par boîte, contiennent 3,457,500 bulletins. S'il n'y avait là des merveilles d'ordre, ce serait le chaos, et chaque année 160 boîtes et 120,000 bulletins viennent s'ajouter à l'encombrement du passé. Il y a plus d'un âne à la foire qui s'appelle Martin, dit le proverbe ; on en trouve la preuve aux casiers judiciaires. Les Martin remplissent 20 boîtes ; les Lefebvre, 16 ; les Bernard, 14 ; les Leroy, 13 ; les Durand, 12 ; les Leroux et Renaud, 11 ; les Gérard, Mark, Dubois, Petit, Laurent, 10 ; c'est à s'y perdre. Lorsqu'une recherche d'antécédents est demandée à l'un de ces noms, il faut parfois feuilleter quelques milliers de fiches et dépenser plusieurs heures avant de rencontrer l'indication réclamée. Les plus anciennes pièces remontent à 1756. L'usage d'écrire les condamnations sur les registres n'était alors que facultatif, il se régularisa vers 1792 ; mais dans ces gros livres qui nécessitaient un repère, les recherches, devenant de plus en plus difficiles, risquaient de rester infructueuses. En 1832, on employa une méthode plus expéditive, et l'on confectionna les premiers bulletins ; avant de déposer les registres aux archives de la préfecture, on copia sur fiches et on rangea aux lettres d'ordre toutes les notices inscrites, de telle sorte qu'aujourd'hui on possède le relevé exact de chacune des condamnations prononcées en France et aux possessions françaises d'outre-mer depuis soixante-dix-sept ans. C'est là, mieux que partout ailleurs, qu'on découvre combien certaines âmes perverses sont réfractaires à tout repentir. Joseph Guyot, du 22 décembre 1854 au 14 novembre 1868, subit 24 condamnations ; Antonin Crozat, de 1833 à 1868, est frappé 71 fois ; Jean Hébrar, depuis le 4 décembre 1818, a été condamné à 27

Maxime Du Camp

ans et 5 mois de prison, à 25 ans de réclusion, et successivement à 235 ans de travaux forcés ; total 287 années ; il a été transporté à Cayenne et s'est évadé.

Les documents sont nombreux sur lesquels on recueille les renseignements indispensables à la rédaction de ces bulletins indicatifs, et le bureau des sommiers judiciaires reçoit annuellement 4,933 états, qui lui sont expédiés par les tribunaux, les directeurs de prisons et de bagnes.[1] Quant aux recherches demandées sur des individus signalés, elles viennent de tous les points de l'empire, de tous les tribunaux, de toutes les cours, de beaucoup d'administrations publiques, qui ont le devoir de s'éclairer sur leur personnel, de tous les services de la préfecture même, qui n'accordent jamais d'autorisation aux marchands de vin, aux cochers, aux commissionnaires, aux meneurs de nourrices, aux logeurs, aux porteurs des halles et marchés, aux sages-femmes, sans savoir à quoi s'en tenir sur leur moralité. Cette organisation est excellente, et lorsqu'on l'a étudiée, qu'on l'a vue fonctionner, on comprend qu'un magistrat éminent, M. Berriat Saint-Prix, ait dit : « Il n'y a pas de procédure criminelle complète, si elle ne s'appuie sur les sommiers judiciaires. » Dans les signalements que porte chaque bulletin, on donne un soin minutieux à la description des tatouages, qui sont un indice trop précieux, un moyen de reconnaissance trop certain pour qu'il n'en soit point parlé ici. On dirait que par une sorte de bravade contre la police, de défi jeté à la société, les voleurs s'ingénient à se timbrer de marques indélébiles qui, pour celui qui les traque, équivalent le plus souvent à une constatation d'identité. Chez la plupart d'entre eux, c'est de la forfanterie, mais pour plusieurs c'est le résultat de l'ennui et du désœuvrement. Dans les préaux des prisons, ne sachant que faire, ils s'abandonnent à ce

---

1 États quotidiens des prisons de la Seine (7 prisons), 2,555 états ; cahiers mensuels des notices des détenus des maisons centrales (au nombre de 29), 348. — États trimestriels des condamnations correctionnelles ou criminelles (282 tribunaux, 29 cours), 1,644 ; — états mensuels des faillis du département de la Seine, 12 ; — rôles bi-mensuels de la cour d'assises de la Seine, 24 ; — rôles trimestriels des forçats libérables, 4 ; — états signalétiques des individus recherchés, 10 ; — états signalétiques des étrangers expulsés de France administrativement, 12 ; — feuilles quotidiennes des audiences du tribunal correctionnel de la Seine, 300. — A cela il faut ajouter les notes individuelles relatives aux grâces ou commutations de peine, les notices concernant les individus condamnés par les tribunaux militaires ou maritimes.

Partie III

passe-temps au moins inutile, quand il n'est pas dangereux. Il en est de même dans les casernes et à bord des navires pendant les longues heures mélancoliques que la discipline laisse inoccupées. L'imagination des tatoueurs va souvent plus loin qu'on ne pourrait le croire, et l'on cite un matelot marseillais qui s'était fait tatouer, des pieds aux épaules, d'un costume d'amiral ; rien n'y manquait, ni les boutons, ni les épaulettes, ni l'épée, ni même la plaque et le grand cordon de la Légion d'honneur. L'opération est fort simple. À l'aide d'un *poncif*, on estampe sur telle partie du corps indiquée un dessin quelconque, puis avec quatre aiguilles enfoncées par la tête dans un bouchon qui sert de manche et réunies par la pointe à angle aigu, on pique les contours de l'image assez profondément pour pénétrer dans le derme ; selon qu'on veut donner au tatouage une teinte bleue, jaune ou rouge, on trempe les aiguilles dans de l'encre de Chine, de l'ocre ou du cinabre. Le premier procédé seul laisse une trace indélébile ; l'ocre pâlit peu à peu et finit par devenir indistincte ; quant au cinabre, qui est, comme chacun sait, composé de soufre et de mercure, il semble attiré par les ganglions lymphatiques, car il est absorbé par eux et ne laisse plus de traces perceptibles.

On peut jusqu'à un certain point, en examinant le tatouage d'un individu, savoir s'il est du nord ou du midi de la France, ou tout au moins s'il a été tatoué sur les bords de l'Océan ou sur ceux de la Méditerranée. En effet, dans ces dernières contrées, l'influence musulmane a persisté ; le Koran prohibe la représentation plastique des êtres vivants, et l'on dirait que, fidèles à ce précepte, les tatoueurs méridionaux évitent avec soin de figurer des animaux, des hommes ou des femmes ; ils se contentent de dessiner des emblèmes : pots de fleurs, soleils, armes et drapeaux entre-croisés ; les gens du nord au contraire affectent des sujets humains, essaient les portraits, font parfois un tableau complet. J'ai vu Adam et Eve dans le paradis, devant l'arbre de la science, autour duquel le serpent déroulait ses anneaux. Les inscriptions ne manquent pas ! serments d'amour, noms chéris, obscénités, parfois un mot vif qui résume toute une existence. A l'Hôtel-Dieu de Rouen, on a soigné un ancien forçat qui sur le front portait une étoile et la phrase caractéristique : pas de chance ! Beaucoup d'entre eux ne se doutent guère qu'ils remplacent ainsi la marque, abolie en 1832.

Maxime Du Camp

Quelques-uns ont dû supporter un véritable martyre et rendraient des points aux naturels de la Nouvelle-Zélande. En forçat évadé de Cayenne eût gagné quelque argent à se montrer à la foire : on le lisait comme une affiche ; sur le front : *Toujours le même, sans chagrin* ; sur la poitrine : *Vive les enfants de Paris* ; sur le bras droit, un mousquetaire et ces mots : *A moi* ; sur le bras gauche : *Pas de camarades à la pêche* ; un buste de femme : *Ambrosine* ; sur la main gauche : *Sans pitié pour les parches, mort à la société* ; sur le sein gauche, un poignard ; à l'aine, un chevron ; sur les reins, une figure inachevée. Ceux qui ont quelque prétention à être des malins ne se tatouent jamais : il est sans exemple qu'un escroc ait sur le corps un signe factice quelconque. Un jour qu'on déshabillait un faiseur habile pour prendre son signalement, il dit en hochant la tête : « Des tatouages, moi ? pas si bête ! » Quelques vieux voleurs, de ceux qu'on appelle des chevaux de retour, ayant été reconnus plusieurs fois à certains tatouages, arrivent sans trop de peine à les décomposer : d'un vase de fleurs ils font un bouquet de feu d'artifice, d'une femme nue un artilleur ou un grenadier ; mais il est rare que ces ruses parviennent à tromper l'œil très pénétrant de la police, qui est accoutumé à regarder de près et à bien voir.

Toutes ces investigations, que l'on consigne sur des bulletins nominatifs de façon à toujours pouvoir les consulter en temps opportun, ne donnent isolément qu'un nombre de renseignements assez restreint : éparses, elles ne sont pas d'une nécessité absolue ; mais lorsqu'on les groupe, qu'on les consulte toutes, qu'on les complète l'une par l'autre, il est rare qu'on n'en fasse pas jaillir la vérité. C'est là en somme tout le mystère de la police : bien connaître son instrument et savoir en jouer. Pour cela, que faut-il ? Une tradition qui s'acquiert par l'habitude et une persistance que rien ne doit lasser. Le service administratif, ou l'on enregistre les sommiers judiciaires, les locataires des garnis, le nom des commissionnaires et celui des cochers, peut sembler à des gens superficiels établi en vertu de cette manie paperassière qui est le type même de l'administration française. Une telle opinion serait absolument erronée. Sans les documents fournis par le service sédentaire, les recherches du service actif seraient le plus souvent infructueuses. Un exemple fera saisir à la fois le mécanisme et l'utilité de cette organisation. M. Poirier-Desfontaines, marchand de bronzes, rue Saint-Honoré, 422, vieillard assez taciturne, vivait très sédentaire avec un seul domestique. Le 5 janvier 1851, les voisins apprennent qu'il est parti pour la campagne ; le lendemain, son domestique va le rejoindre, disant que tous deux reviendront avant huit jours. Trois semaines se passent ; on s'inquiète, on prévient le commissaire de police, qui, faisant ouvrir les portes et visitant l'appartement, constate sur le parquet des taches de sang et trouve un merlin ensanglanté. Un crime avait été commis, et il était fort probable que le domestique en était l'auteur ; mais quel était ce domestique ? On ne connaissait même pas son nom, il n'était au service de la victime que depuis peu, nul n'avait pensé à s'enquérir de son origine, et les renseignements fournis sur son signalement concordaient mal entre eux. On savait seulement qu'il avait fait déplacer une lourde malle par un commissionnaire. Tel était le seul point de départ pour arriver à découvrir la vérité. Immédiatement on se mit en quête du commissionnaire. On le retrouve, ses souvenirs sont confus ; cependant il croit se rappeler que sur la malle il a lu le nom de Châteauroux et qu'il y avait sur l'escalier de la maison deux autres caisses. On dirige immédiatement des recherches dans la ville indiquée. M. Poirier-Desfontaines y est inconnu ; mais une malle adressée bureau restant à un sieur Moreau, bijoutier, est encore en gare, car il n'existe pas à Châteauroux de bijoutier de ce nom. La malle est ouverte, l'on y trouve le cadavre de M. Poirier-Desfontaines coupé en morceaux et du linge démarqué. On fait une enquête au chemin de fer d'Orléans, elle reste sans résultats. Se rappelant que deux autres caisses avaient été vues dans la maison de la victime et pensant que peut-être elles avaient été transportées à quelque gare, on interroge tous les commissionnaires médaillés, et à force de préciser les questions, on en découvre deux qui se souviennent avoir, le 6 janvier, porté deux colis de la rue Saint-Honoré, n° 422, aux messageries de la rue Croix-des-Petits-Champs, n° 10 ; il leur semble que le jeune homme qui accompagnait son bagage a parlé de Marseille. On vérifie aussitôt le livre de police des messageries, et l'on y voit qu'un nommé Viou a retenu en effet une place pour cette ville ; mais il a perdu ses arrhes, a retiré ses effets et n'est point parti. Viou était-il un pseudonyme ou un vrai nom ? On interroge les sommiers judiciaires, et on y acquiert la certitude qu'un condamné de ce nom est en détention à la maison centrale de Melun. On le questionne, et l'on apprend qu'il est le père du domestique assassin. Une recherche analogue est faite sans désemparer dans les bulletins des garnis ; le nom de Viou y est inscrit. On se transporte à l'hôtel désigné, rue du Pont-Louis-Philippe, le meurtrier doit venir y coucher le soir ; on établit une surveillance, et on s'empare de lui au moment où il rentrait. Les commissionnaires médaillés, les registres des messageries, les sommiers judiciaires, les bulletins des garnis, en aidant à reconstruire l'individualité, ont mis sur les traces du criminel, et l'ont, pour ainsi dire, livré au service de sûreté ; celui-ci, abandonné à ses propres ressources, se serait fort probablement égaré en recherches vaines, et le crime fût resté impuni.

A la masse de renseignements qu'elle a toujours sous la main, à ceux que ses agents recueillent, il faut ajouter ceux qui lui sont transmis par voie indirecte ou inconnue. Le fait est à peine croyable, et cependant il est hors de doute. La préfecture reçoit quotidiennement une quantité énorme de lettres qui lui donnent des avis vrais ou supposés. Les secrétaires spéciaux, ceux que l'on appelle assez spirituellement *les écosseurs*, n'ont point assez de leur matinée pour décacheter tous les plis qui leur parviennent et les diriger vers les services qu'ils intéressent. Il existe à Paris des personnes qui ne se coucheraient pas sans avoir écrit au préfet de police tout ce qu'ils ont entendu, vu, remarqué dans la journée. On ignore quels sont ces indicateurs officieux, et l'on ne cherche même pas à le savoir. Dès qu'un crime est commis, il se trouve de bonnes gens inoccupés qui se mettent l'esprit à la torture pour découvrir quel peut en être l'auteur, et les lettres pleuvent dru comme grêle. Pour vingt qui sont ineptes, il s'en trouve parfois une qui donne un renseignement utile. On tient compte de tout, et il n'y a billevesée si folle qui ne soit l'objet d'un commencement d'enquête. La plupart de ces missives ne sont point signées, et émanent évidemment d'hommes désœuvrés qui veulent avoir quelque importance à leurs propres yeux, ou qui de bonne foi pensent rendre service à la société.

Non-seulement la préfecture a tous les sommiers judiciaires, qui ne sont de fait que le relevé des condamnations prononcées, mais elle garde avec soin le dossier particulier de tout individu qui, pour une cause ou pour une autre, lui a passé par les mains. Une simple contravention donne lieu à la formation d'un dossier et à un numéro matricule aussi bien qu'un vol à main armée. La police est le vestibule de la justice ; nul individu ne comparaît devant les tribunaux sans avoir été examiné par elle et sans avoir vu vérifier ses antécédents. J'ai entendu un mot caractéristique : nous n'envoyons au procureur impérial que des criminels *complets*, c'est-à-dire accompagnés de toutes les pièces, de quelque nature qu'elles soient, qui peuvent éclairer la justice sur leur compte. Ce travail est énorme ; il implique une correspondance très détaillée avec tous les parquets de l'empire, des communications incessantes avec les tribunaux du département de la Seine. Dans des archives tellement considérables qu'une section composée de plusieurs employés est chargée uniquement de les ranger dans un ordre déterminé, on possède l'état civil et la biographie criminelle de tous les malfaiteurs dont la justice et la police ont eu à s'occuper, de telle sorte que, si un homme de cinquante ans ayant commis un vol a été jadis, à l'âge de huit ans, arrêté en vagabondage, il arrivera devant les juges avec la preuve et le procès-verbal de ce premier délit. Les dossiers sont catalogués par cartes, selon l'usage adopté ; mais il y a autant de cartes qu'il y a de plaignants, d'inculpés et de complices, de façon qu'un seul nom suffit parfois pour remettre sur la trace de méfaits oubliés. Toute plainte formulée à Paris pour un crime ou pour un délit quelconque est dirigée sur la préfecture, et selon qu'elle énonce un fait acquis ou seulement un soupçon, qu'elle désigne une personne connue ou inconnue, elle donne lieu à des mesures différentes. Quand un vol est dénoncé purement et simplement, sans qu'on puisse en nommer les auteurs, on examine les circonstances extérieures du crime, on en détermine l'espèce, et l'on prévient le service de sûreté afin que, mettant ses inspecteurs en campagne et interrogeant ses indicateurs, il puisse apporter quelque jour dans cette obscurité. Si les auteurs du vol ne sont que soupçonnés, on les enveloppe à leur insu d'une surveillance secrète ; ils sont en *filature*, c'est-à-dire qu'ils ne font ni un pas ni une démarche sans être suivis de près ; on s'attache surtout à étudier s'ils ne se livrent point à des dépenses anormales, si rien n'est changé à leur genre de vie ordinaire ; lorsque leur existence, ou incertaine ou modifiée, semble corroborer les soupçons, ils

Maxime Du Camp

sont arrêtés et remis à la justice, qui décidera de leur sort. Lorsque les auteurs sont connus et qu'ils avouent, tout est simplifié, et les tribunaux sont saisis ; lorsqu'ils persistent à nier, on fait une enquête qui serre la vérité le plus près possible ; on réunit tous les éléments de probabilité, on ordonne des recherches dans les lieux que les inculpés ont habités, et l'on assemble ainsi un faisceau de preuves. Cette partie de l'administration est considérable, et quoiqu'elle ne soit en rapport avec les malfaiteurs que par les quinze ou vingt mille pièces, — procès-verbaux, commissions rogatoires, — qu'elle reçoit annuellement, elle n'a pas moins sur leur sort une influence très importante. Si elle n'accomplit pas l'œuvre suprême de la justice, elle la prépare, et lui fournit tous les matériaux sur lesquels elle peut, en toute sécurité de conscience, appuyer ses décisions.

Les renseignements donnés par la préfecture de police relativement au personnel détenu dans les prisons, par le ministère de la marine en ce qui concerne les bagnes et les colonies pénitentiaires, par le ministère de la justice pour ce qui regarde les condamnations par défaut, sont centralisés au ministère de l'intérieur, et servent à composer un document qui facilite singulièrement l'arrestation des coupables. C'est un cahier d'une soixantaine de pages environ et qui contient le nom et le signalement précis de tout individu contumace ou évadé. Ces feuilles signalétiques qui, selon les circonstances, paraissent dix ou douze fois par an, sont envoyées, non-seulement aux chefs des différentes sections de la police, mais à tous les tribunaux, à toutes les préfectures, à toutes les mairies, à toutes les gendarmeries de l'empire. Elles indiquent aussi, dans une annexe très détaillée, les recherches qui doivent être opérées et les renseignements qui doivent être pris dans l'intérêt des familles : enfants égarés, jeunes filles enlevées, individus éloignés du pays natal, dont on ignore la demeure et dont la présence est utile sur tel ou tel point pour prendre possession d'un héritage ; par la même voie, on demande la constatation de l'identité de cadavres inconnus trouvés sur les routes ou dans les champs, on réclame certains papiers indispensables à des liquidations ou à des contrats. La plus grande partie des découvertes de ce genre sont encore faites par la préfecture, qui, grâce à son double mécanisme actif et administratif, a souvent retrouvé dans les taudis parisiens un pauvre diable qu'une petite fortune attendait chez le notaire de son village.

Partie IV

Lorsqu'un malfaiteur est arrêté, il est provisoirement enfermé au *violon* ; on le conduit devant le commissaire de police, qui le rend immédiatement à la liberté, si le cas n'offre aucune gravité ou si l'arrestation est le fait d'une erreur ; si au contraire le délit ou le crime reproché ne laisse point de doute, il dresse procès-verbal, et l'inculpé est dirigé sur la préfecture de police dans une de ces voitures cellulaires qui, au nombre de six, visitent trois fois par jour les postes et y récoltent les prisonniers : mesure très humaine introduite dans l'administration depuis 1856, et qui nous évite le spectacle, dont nous avons été si fréquemment témoins jadis, d'un malfaiteur luttant au milieu des rues avec les quatre soldats chargés de l'amener. Les voitures entrent successivement dans la rue de Harlay, et les sergents de ville de la brigade centrale font la haie tout autour afin de mettre bon ordre aux tentatives d'évasion. Les individus arrêtés sont conduits un à un dans un bureau spécial qui fonctionne jour et nuit, et qu'à cause de cela on appelle *la permanence.* Là on inscrit sur une feuille le nom de l'inculpé, son état civil, la cause de son arrestation, le titre du fonctionnaire qui a libellé l'ordre d'envoi et le nombre de pièces (papiers, objets, etc.) qui sont jointes au procès-verbal. Cette première formalité étant accomplie, chaque individu est conduit au *dépôt,* vaste prison récemment reconstruite et dont les fenêtres s'ouvrent dans le soubassement de la nouvelle façade du Palais de Justice. A son entrée au dépôt, le détenu reçoit un pain, car il est de principe à la préfecture que tout individu auquel on reproche un fait délictueux a pu être amené à le commettre excité par la misère et la faim. Là aussi, dans un greffe qui ne chôme guère, on relève les noms et signalements de chaque personne arrêtée ; puis cette dernière est enfermée dans les salles communes, s'il n'y a pas d'inconvénient à la laisser communiquer avec les autres détenus, dans une cellule, si le secret est nécessaire. Il y a des salles et des préaux sévèrement, séparés pour les hommes, les femmes, les filles publiques et les enfants. Le service des hommes est fait par des gardiens, celui des femmes par des sœurs de Marie-Joseph. C'est

Maxime Du Camp

là que les inspecteurs de *la sûreté* viennent chaque matin, dans une petite chambre isolée, interroger un à un les gens accusés de crimes ; c'est là qu'on les *frime*, c'est-à-dire qu'on les dévisage, qu'on les morgue, ainsi qu'on disait jadis, afin de voir dès l'abord s'ils ne sont point repris de justice. On essaie d'obtenir d'eux l'aveu du méfait reproché, et, lorsqu'il y a nécessité d'en questionner deux à la fois pour les amener à des contradictions utiles à la vérité, on a grand soin de les placer loin l'un de l'autre, quelquefois dos à dos, de façon qu'il leur soit impossible de communiquer entre eux, ou de se faire le moindre signe. On n'a point l'air de s'ennuyer au dépôt ; dans les grandes salles, en chante et l'on rit. Les poètes qui ont fait de la prison « le séjour des remords » me semblent avoir poussé la fiction un peu loin, La nuit, on dispose des matelas le long des murs, et tout ce gibier de police correctionnelle et de cours d'assises dort un peu pêle-mêle, beaucoup, trop même, et la présence de quelques gardiens est impuissante à empêcher certains désordres de se produire. Il eût été vivement à désirer que l'emplacement réservé au dépôt eût permis de multiplier assez les cellules pour que chaque détenu fût isolé. La réunion des malfaiteurs dans le même local, malgré la surveillance dont ils sont l'objet, est dangereuse d'abord au point de vue de la morale, qu'ils outragent avec un cynisme incompréhensible, ensuite à cause de la facilité qu'ils rencontrent à communiquer avec leurs camarades, souvent leurs complices, à préparer des alibis, à faire disparaître des preuves et à organiser des moyens de défense qui sont de nature à dérouter l'action de la justice. Il y a non-seulement des malfaiteurs au dépôt, mais on y trouve toutes les épaves humaines ramassées sur le pavé de Paris ; vieillards en enfance oubliés sur un banc, enfants égarés, étrangers perdus ne sachant pas un mot de Français, suicidés sauvés ; qui refusent de s'engager à ne point recommencer, fous furieux qui couraient dans les rues, orphelins abandonnés à la charité publique, qui les repousse. Le dépôt, comme le nom l'indique, n'est qu'une prison essentiellement transitoire ; on y passe, on n'y séjourne pas ; aussi le mouvement y est-il incessant, le va-et-vient perpétuel.

Toutes les pièces concernant les gens arrêtés sont réunies en dossiers et portées immédiatement à la préfecture de police. Celle-ci les examine, les complète, comme on l'a vu plus haut, et les transmet à la justice avec l'individu qu'elles concernent ; mais il faut pour cela que le délit soit bien constaté. Lorsqu'il n'y a qu'un fait de vagabondage ou de mendicité, la préfecture s'enquiert des causes, des circonstances, et dans ce cas interroge l'inculpé. Elle est envers les pauvres gens très miséricordieuse ; je dirai plus, elle est très maternelle ; elle a reçu tant d'aveux pénibles, elle a sondé tant de misères sociales, elle sait si bien que l'homme est un être essentiellement faillible, elle est tellement résolue, quoiqu'il ne lui reste plus l'ombre d'une illusion, à ne désespérer jamais, qu'elle a une commisération infinie qu'on ne soupçonne guère lorsqu'on ne l'a pas approchée et regardée de très près. Quand elle a affaire à des incorrigibles, elle ne les ménage pas, et elle les traduit devant les tribunaux. Il y a actuellement sous les verrous un homme de vingt ans, nommé Victor Tuleu, qui n'a jamais commis aucun crime, mais qui est un vagabond épique que rien ne peut corriger. Arrêté la première fois en août 1859 à l'âge de onze ans, arrêté la seconde fois en novembre 1863, il était arrêté le 17 juillet 1868 pour la cinquante-troisième fois. Il a été interrogé, morigéné, sermonné plus de trente fois : il promet tout ce qu'on veut, et dès qu'il est en liberté, il reprend la vie nomade ; s'il pleut pendant la nuit ou s'il fait froid, il va droit au poste le plus voisin, s'assoit auprès du poêle et dit : « C'est moi, je suis Tuleu, je n'ai ni ressources ni domicile, arrêtez-moi. » Les tribunaux le condamnent, il fait son temps et recommence. Ces natures-là, rebelles au travail et à toute discipline sociale, ne sont pas très rares. Le vol finit toujours par les tenter et le bagne par les saisir ; aussi est-il à regretter que la France n'ait point de colonies pénitentiaires spécialement destinées à ces enfants perdus, avant-garde des criminels, qui trouveraient dans les libres espaces d'outre-mer une vie d'aventures qu'ils ne peuvent sans danger mener au milieu de nous.

Un chef de service consacre exclusivement son temps à l'interrogatoire des vagabonds, des égarés, des défaillants de toute sorte. Il ne peut rien pour la répression, puisque en France la loi seule peut punir ; mais il a un pouvoir discrétionnaire considérable lorsqu'il s'agit de prendre des mesures de bienfaisance. C'est dans son bureau que passent toutes les misères errantes de Paris, les enfants d'abord et qu'on appelle les premiers, pour les enlever à la captivité du dépôt. Tous ceux qui ont fui la maison paternelle dans un moment de dépit, ou poussés par un de ces besoins subits d'indépendance comme les jeunes cervelles en éprouvent parfois, et qu'une nuit au poste a singulièrement refroidis pour cette liberté malsaine, arrivent fort penauds, se grattant la tête à deux mains et pleurant à chaudes larmes. Il n'est pas difficile de les consoler, mais parfois il n'est point aisé de calmer le père, qu'on a fait venir, qui déclare qu'il ne veut plus d'un bandit pareil et qui brutalement dit : Qu'il aille se faire pendre ailleurs ! On y parvient cependant en faisant vibrer les cordes qui ne se détendent jamais complètement dans les cœurs paternels. Souvent c'est un enfant égaré que les sergents de ville ont recueilli pour sa propre sûreté. D'autres fois, — trop souvent, — l'enfant n'est pas seulement égaré, il a été perdu intentionnellement par des parents mauvais ou trop pauvres, qui se débarrassent ainsi d'une bouche à nourrir. C'est ordinairement le jour même du déménagement que ces abandons criminels se commettent. On va à la demeure indiquée par l'enfant, il n'y a plus personne, et nul ne sait ce que le père est devenu. Alors le pauvre petit est dirigé sur l'hospice des enfants assistés, où il trouve un abri et des soins quotidiens qu'il ne connaissait peut-être pas encore. Lorsqu'au lieu d'enfants ce sont des gens âgés que les années doublées par les infirmités rendent incapables d'un travail qui pourrait leur assurer le pain quotidien, on cherche dans leur famille, dans leurs amis, s'il n'existe pas quelque bonne âme qui consente à s'en charger, on fait appel aux sociétés charitables, avec lesquelles la police entretient des rapports constants, et, si toutes les démarches sont infructueuses, le vieillard est conduit à la maison hospitalière de Saint-Denis, où du moins il attendra la mort sans souffrir de la faim. Lorsqu'un détenu du dépôt, vagabond ou criminel, est atteint d'une maladie qui exige des soins immédiats, il est envoyé d'urgence et consigné dans un des hôpitaux de Paris, au vif désagrément de l'*assistance publique*, qui ne paraît pas avoir un goût excessif pour ce genre de pensionnaires. Quant aux vagabonds proprement dits, ils ne sont pas tous Parisiens ou Français ; il en vient de chaque partie du monde, et le cabinet du chef de service a vu successivement défiler non-seulement des Belges, des Anglais, des Allemands, mais aussi des Persans, des Chinois et des Tatares de Bockarie.

Le délit parfois a pour cause première l'ivresse, et ne mérite autre chose qu'une semonce ; à quoi bon en effet déshonorer un homme, lui nuire auprès de son patron, le mettre peut-être, à cause d'une condamnation éventuelle, dans l'impossibilité de trouver du travail, et frapper du même coup sur une femme et des enfants qui n'ont rien à se reprocher ? On examine les circonstances, et si elles plaident en faveur de l'inculpé, on le renvoie en l'engageant à ne pas recommencer. Il y a des mots qui dénouent immédiatement une situation. Une fille ivre avait proféré des cris séditieux. Lorsqu'une nuit passée au dépôt lui eut rendu la raison, on l'interrogea. — Voulez-vous donc détruire le gouvernement ? — Ah ! répondit-elle, j'ai bien assez de me détruire moi-même ! — Elle fut relaxée sans plus ample informé. C'est là la besogne quotidienne ; elle est fatigante parce qu'elle est incessante, mais elle devient singulièrement pénible lorsqu'on se trouve en présence d'un individu qui, pour des causes ignorées, ne veut pas dire son nom. Alors commence une lutte de finesse et d'arguties qui parfois prend les proportions d'un roman. En règle générale, à tout inculpé qui, interrogé, répond qu'il se nomme Durand, Dubois, Legrand, on dit : C'est bien, mais comment vous appelez-vous ? Quatre-vingt-dix-neuf fois sur cent, on ne se trompe pas ; il y a des noms tellement communs qu'ils sont presque toujours un pseudonyme. Il est bien rare qu'on n'arrive pas à mettre bas les uns après les autres tous les masques derrière lesquels les criminels dissimulent leur identité avec une persévérance extraordinaire. Il n'est recherches qu'on épargne pour cela, car il est légitime de penser que tout individu qui a un intérêt puissant à taire son vrai nom est un homme dangereux. Il y a telles de ces constatations qui n'ont abouti qu'après plus d'une année de demandes, de correspondances avec les ministres des nations voisines, et qui, par le fait, ont sauvé celui qui en était l'objet, car le pauvre diable cachait son état civil avec tant de persistance parce qu'il était déserteur d'une armée étrangère, crime pour lequel l'extradition n'est pas accordée et n'est même jamais réclamée. Quelquefois on peut se demander si l'on est en présence d'un farceur déterminé ou d'un fou. Un homme est arrêté au moment où il veut forcer l'entrée du palais de Saint-Cloud et parler à l'empereur. On le conduit à la préfecture de police, il prétend qu'il se nomme Sidi-Sahel et qu'il est envoyé près de Napoléon III par Nana-Sahib. Il est né dans

Maxime Du Camp

l'Inde anglaise. On l'interroge en anglais, il ne comprend pas ; on lui parle hindostani, il n'en sait pas un mot. Le médecin du dépôt l'examine et reconnaît qu'il est atteint de délire partiel ; on l'envoie à Bicêtre. Le médecin de Bicêtre déclare qu'il est parfaitement sain d'esprit, on le ramène au dépôt. Le médecin du dépôt persiste dans sa première opinion, on le reconduit à Bicêtre ; le médecin de Bicêtre dit de nouveau qu'il n'est pas fou, on le réintègre au dépôt. Pendant ce va-et-vient qui se renouvelle plusieurs fois, Sidi-Sahel est très calme, se plaît au dépôt et ne s'ennuie pas à Bicêtre. Il faut prendre un parti cependant, et ce transvasement perpétuel d'un homme qui est fou ici et qui là n'est plus fou ne peut se prolonger. Comme il est étranger, on lui applique la loi du 3 décembre 1849, et, sur sa demande, on le reconduit à la frontière belge. Quatre jours après, il se rend à un poste de police de Paris parce qu'il est sans asile. C'est un cas de rupture de ban ; il passe en police correctionnelle et est frappé de trois mois de prison. Sa peine faite, sur sa demande encore on le transporte à la même frontière. Six jours après, on arrête un nommé Reybaud en flagrant délit de vol. On l'envoie au dépôt, où il est reconnu. C'est Sidi-Sahel. Une nouvelle condamnation l'envoie en prison, où il est encore. Il ne s'appelle ni Sidi-Sahel, ni Reybaud ; quel est son nom, est-ce un criminel, un maniaque ? Nul ne le sait.

Parfois on se heurte contre une loi formelle et des circonstances si particulièrement exceptionnelles qu'on hésite devant une décision définitive. Il y a deux ou trois ans, un vieillard est arrêté au moment où, dans une rue très fréquentée de Paris, il demandait l'aumône. Interrogé, il répond avec une extrême douceur et un accent de vérité qui commande l'attention. On fait prendre des renseignements sur son compte, ils ne sont point défavorables ; mais en poursuivant les recherches pour savoir s'il est vraiment digne de l'intérêt de l'administration, on s'aperçoit qu'on est en présence d'un forçat évadé qui a été condamné en 1825 aux travaux forcés à perpétuité pour vol à main armée sur une grande route. On le fait déshabiller, il porte la marque T. F. Le doute n'est pas possible ; du reste le malheureux avoue. En 1845, il s'est échappé du bagne, il s'est caché à Paris, y a établi, dans un quartier populeux, un petit commerce de bimbeloterie qui a réussi et lui a permis de vivre honorablement. Il s'est marié et a un fils. En 1848, il a été lieutenant de la garde nationale, a fait son devoir dans les moments difficiles et s'est toujours bien conduit ; puis les mauvaises heures sont venues, la faillite a emporté le petit commerce, la misère et la faim ont frappé à la porte ; il est bien las, il voudrait ne pas aller aux galères finir les jours qui lui restent à vivre. Que faire ? Rejeter cet homme sous la chiourme des bagnes, continuer à le punir en 1865 d'un crime qu'il a commis il y a quarante ans, oublier qu'après vingt années de bagne, évadé, il s'est tenu avec fermeté hors de la mauvaise voie, et que c'est la misère seule qui l'a remis entre les mains de la police, alors que celle-ci le croyait mort depuis longtemps ? C'est ce que la loi exigeait, mais il est telle occurrence où les devoirs d'humanité parlent plus haut qu'elle. Quant à le mettre en liberté, c'était impossible. On prit un moyen terme : l'homme fut maintenu au dépôt ; on n'y était pas bien sévère pour lui, car il pouvait chaque jour y voir sa femme et son enfant. On libella au plus vite une demande en grâce qu'on lui fit signer, et qu'on adressa au garde des sceaux avec pièces à l'appui. La remise entière de la peine à courir fut accordée sans délai, et le vieux forçat converti au bien est aujourd'hui en liberté à l'abri du besoin, grâce à des âmes charitables qui en ont eu pitié. C'est là une des mille *espèces* que la préfecture doit résoudre, et dans lesquelles l'intelligence, l'élévation de sentiments d'un simple chef de bureau font plus que toutes les prescriptions de nos codes.

La loi du 3 décembre 1849, à laquelle j'ai déjà fait allusion, autorise l'expulsion par voie d'arrêté ministériel de tout individu étranger dont la présence sur notre territoire est une cause de trouble. Cette loi a été votée sous l'empire de préoccupations politiques dont on se souvient encore, mais elle a été interprétée dans un sens beaucoup plus large, et elle sert à nous débarrasser de *pick-pockets*, de filous, d'escrocs, de grecs, qui viennent chez nous quand leurs méfaits les ont si bien signalés dans leur pays qu'ils ne peuvent plus éviter la prison. Lorsqu'un étranger a subi devant l'une de nos cours d'assises ou l'une de nos chambres correctionnelles une condamnation pour crime ou délit, lorsque sa conduite est notoirement mauvaise et exige l'intervention de la police, il est administrativement mis en wagon et simplement reconduit à la frontière comme un colis de qualité défectueuse qu'on retourne à un expéditeur. Une autre loi, celle du 9 juillet 1852, permet d'interdire

Maxime Du Camp

le séjour de Paris à tout individu qui, né dans les départements, a subi certaines condamnations ou vit dans le vagabondage et la mendicité. Cette loi est peu appliquée ; mais ceux qu'elle frappe ne s'en vont que bien rarement sans avoir obtenu de la préfecture une paire de souliers et les frais de route, singulièrement minimes, surtout aujourd'hui, spécifiés par l'article 7 de la loi des 3 mai et 10 juin 1790.[1] C'est aussi la préfecture qui désigne la ville où doivent se retirer et séjourner les individus soumis à la surveillance ; mais son choix, sauf des cas extrêmement rares, est toujours déterminé par celui du condamné. Elle est libre, sous sa responsabilité, de permettre à certains repris de justice de rester à Paris, lorsqu'elle a la certitude qu'ici plus aisément qu'ailleurs ils trouveront du travail et des moyens d'existence. Seulement l'autorisation n'est jamais que temporaire, elle doit être fréquemment renouvelée, et peut être retirée à la moindre plainte portée contre celui qui l'a obtenue.

Ainsi qu'on l'a vu, les rapports de la préfecture de police avec les malfaiteurs sont nombreux, incessants, et si bien de toutes les heures qu'il n'y a ni fête ni dimanche pour les employés qui en sont chargés. Je ne sais pourquoi il existe rue de Harlay un poste qui s'appelle *la permanence*, car la préfecture de police est la permanence même. Jour et nuit on crie au secours de son côté, et elle se porte partout où l'on réclame son assistance ; son action publique est considérable, elle touche aux intérêts les plus chers de la société et de la justice ; elle est à la fois une arme offensive et défensive, elle attaque et protège ; c'est ce double et spécial caractère qui la fait si puissante et si redoutable. Elle a aussi une action occulte très importante et que je dois indiquer, car par son intervention officieuse elle rend des services qui, pour être presque toujours ignorés, n'en sont pas moins singulièrement précieux. Dans ce cas, elle agit, pour ainsi dire, comme chef de famille, et dénoue les différends secrets. Chaque jour, on l'invoque pour des faits qui ne tombent pas sous l'application de la loi pénale, ou que celle-ci ne pourrait empêcher de se produire. Parfois, et sous une forme terrible, il est un danger qu'il faut conjurer sans retard, à tout prix. Où courir, à qui s'adresser ? A la justice ? mais ses façons de procéder, sagement lentes, ne permettent pas d'avoir recours

---

1 « Il est accordé 3 sous par lieue à tout individu porteur d'un passeport d'indigent. »

à elle : avant qu'elle ait libellé ses paperasses, compulsé son code, coiffé sa toque et revêtu sa toge, avant qu'elle se soit entourée de l'appareil qui l'environne toujours, un mal irréparable aura été commis. On vient à la police et on lui dit : Sauvez-moi ! A moins de difficultés insurmontables, elle sauve toujours, fût-ce son plus mortel ennemi, car il est quelque chose qu'elle poursuit plus encore que ses adversaires, c'est le scandale ; elle n'en veut à aucun prix, et partout où elle peut l'atteindre, elle l'étouffe. Un jeune homme a été l'amant d'une femme, mère de deux enfants et mariée à un assez haut personnage fort jaloux. Après l'avoir quittée, il s'est lié avec une fille entretenue qui vit conjugalement chez lui. Un jour qu'il est absent, la fille trouve dans un secrétaire toutes les lettres de l'ancienne maîtresse, imprudemment conservées, et immédiatement elle écrit à celle-ci : « Si demain à deux heures vous ne m'avez pas envoyé 50,000 francs à trois heures vos lettres seront remises à votre mari. » La femme mariée reçoit cette sommation, ne peut rejoindre son ancien amant que le lendemain, lui fait part avec épouvante du coup qui la menace. Elle n'a pas les 50,000 francs exigés, l'amant ne les a pas non plus, ou ne se soucie guère de les donner. Il court à la police. Le temps pressait, il était midi. Une heure après, toutes les lettres étaient détruites, la femme était rassurée, un mari continuait à vivre en paix, et deux enfants pouvaient grandir sans voir rejaillir sur eux le déshonneur de leur mère. C'est dans des œuvres pareilles, équitables et bienfaisantes au premier chef, qu'il faut déployer toutes les qualités d'un homme de police, la sagacité, la fermeté, la douceur. Il est fort rare que ces sortes de missions préventives ne réussissent pas. L'habileté des agents est pour beaucoup dans le résultat obtenu ; il faut dire cependant que leur tâche est singulièrement facilitée par l'espèce de terreur qu'inspire le seul mot de police. Lorsqu'un individu est mandé dans ces lieux redoutables, quelque pure que soit sa conscience, quelque nette que soit sa conduite, il arrive sentant peser sur ses épaules une lourde tradition où se mêlent confusément le souvenir de la Bastille, des lettres de cachet, du For-l'Évêque, des romans qu'il a lus, des histoires invraisemblables qu'il a entendu raconter. Il croit pénétrer dans l'antre du mystère ; il vient déjà ébranlé, troublé, oscillant entre mille craintes diverses et prêt à toutes concessions, qui du reste lui seront faciles, car on ne lui en demandera aucune qui ne soit honorable. Ces sortes d'affaires où la police intervient officieusement sont nombreuses et multiples. La vie occulte de Paris est pleine d'aventures lugubres, parfois profondément comiques, qui trouvent un dénouent souvent inespéré à la préfecture, dans un cabinet, sourd et muet, muni de doubles, de triples portes, gardé par des garçons vigilants, et dont les murs ont entendu plus d'étranges confidences que tous les confessionnaux des églises de Paris. Fait déplorable à constater, sur mille affaires de cette nature, il y en a bien près de huit cents qui ont trait à des *chantages* (menaces sous conditions) en matière de mœurs. On peut dire sans exagération que le secret même de Paris est au pouvoir des hommes de la préfecture, et ce secret est bien gardé. Que des chefs de service, hommes instruits et bien élevés, cachent à l'abri de toute indiscrétion ces misères sociales, cela se comprend ; mais que penser d'agents inférieurs qu'on est forcément obligé d'employer comme intermédiaires, qui sont mal rétribués, qui n'auront plus tard sur leurs vieux jours qu'une retraite dérisoire, et qui jamais n'ont abusé des secrets qu'ils avaient pénétrés, secrets parfois terribles et dont la divulgation serait payée d'une fortune ? Le devoir professionnel appuyé sur la probité native les maintient toujours dans la ligne droite. Le personnel de la division de la sûreté publique et des services qui s'y rattachent est de 6,561 agents ; eh bien ! depuis dix années, un seul a essayé de faire du chantage à l'aide d'une aventure à laquelle il avait été mêlé. Je n'ai pas besoin de dire qu'il a été chassé ; mais, comme on a laissé à ses camarades le soin de le mettre à la porte, il a, je le crains bien, descendu les escaliers plus vite qu'il n'aurait voulu. Il ne faut pas croire que l'on garde à ces hommes une vive reconnaissance, loin de là ; lorsqu'on a eu affaire à eux, qu'ils vous ont tiré d'un mauvais pas, on s'en détourne, on les hait presque comme des témoins importuns. Plus on a de torts, moins on pardonne : aussi l'on en veut toujours à ceux devant qui l'on a découvert ses hontes et vomi son péché.

J'ai bien souvent entendu faire l'éloge de la police anglaise, et dans le parallèle qu'on établissait entre celle-ci et la police française l'avantage ne restait point à la nôtre. C'est une plaisanterie et rien de plus. Cela tient à notre manie de toujours nous dénigrer lorsque nous nous comparons aux autres, comme si nous nous sentions naturellement assez forts pour pouvoir faire parade de nos défauts et exagérer nos faiblesses. La police anglaise, dont les services ne sont même pas gratuits, reconnaît implicitement son infériorité, car bien souvent elle nous demande des conseils ; elle écrit à la préfecture : en tel cas, que faites-vous ? et elle pousse la naïveté jusqu'à s'informer si nous ne *marquons* pas les repris de justice surveillés sur une partie apparente du corps, afin de toujours être à même de les reconnaître. Soyons plus justes, et sachons dire qu'aucune autre nation n'offre l'exemple d'une institution protectrice si homogène dans son principe et si multiple par ses moyens d'action. Dans les conflits politiques, elle peut nous irriter et nous exaspérer, parce que le droit en vertu duquel elle agit se heurte contre un droit que nous estimons supérieur ; mais dans la répression des crimes et délits, dans les investigations qui assurent notre sécurité, dans la surveillance qui sauvegarde nos propriétés et notre existence, elle est bien près d'être irréprochable. Si cette autorité, très limitée par les lois, méconnue, sinon calomniée par la population, s'endormait un seul jour, Paris, comme une ville mise à sac, serait livré à tous les épouvantements du vol, de l'incendie et du meurtre. Contre ce torrent toujours prêt à se précipiter sur nous, il faut une vanne solide manœuvrée par une main énergique ; en présence de ces causes de dissolution permanentes, il faut une sentinelle alerte et qui ne sommeille jamais. Dans l'état de nos mœurs, au milieu d'une ville aussi populeuse que Paris, la mission de la police est la plus utile et en même temps la plus ingrate qu'il puisse être donné à des hommes de remplir à travers les obstacles de toute sorte dont elle est environnée.

ISBN : 978-1533286543

Maxime Du Camp

www.ingramcontent.com/pod-product-compliance
Lightning Source LLC
Chambersburg PA
CBHW062024280526
45787CB00005B/2207